工程管理专业 BIM 教育研究：
理论框架与实践

张静晓　著

中国建筑工业出版社

图书在版编目（CIP）数据

工程管理专业 BIM 教育研究：理论框架与实践/张静晓著. —北京：中国建筑工业出版社，2018.9
ISBN 978-7-112-22545-3

Ⅰ.①工… Ⅱ.①张… Ⅲ.①工程项目管理-应用软件-教学研究-高等学校 Ⅳ.①F284-39

中国版本图书馆 CIP 数据核字（2018）第 182311 号

本书主要围绕如何形成工程管理专业人才培养的升级路径及如何进行人才培养方案的创新实践两个问题进行研究。全书以 KSA 模型为升级传统工程管理教育的逻辑主线，以"知识体系—实践技能—能力结构"三个模块为工程管理专业人才培养升级路径的核心支撑，打造"两模块三层次"创新实践方案，分析工程管理与 BIM 的融合，重构知识体系、再造实践技能集、探索新业态下工程管理人才核心能力结构，并在此基础上进行工程管理 BIM 教育案例实践。

本书在内容取舍上突出理论与实践相结合，更注重实践性，既为我国工程管理专业 BIM 教育研究提供了一个新的探索，也为我国高等院校进行传统工科改造升级提供了借鉴案例。

责任编辑：李笑然　牛　松
责任校对：焦　乐

工程管理专业 BIM 教育研究：理论框架与实践
张静晓　著

*

中国建筑工业出版社出版、发行（北京海淀三里河路 9 号）
各地新华书店、建筑书店经销
北京科地亚盟排版公司制版
大厂回族自治县正兴印务有限公司印刷

*

开本：787×1092 毫米　1/16　印张：8½　字数：207 千字
2018 年 11 月第一版　2018 年 11 月第一次印刷
定价：**28.00** 元
ISBN 978-7-112-22545-3
（32616）

版权所有　翻印必究
如有印装质量问题，可寄本社退换
（邮政编码 100037）

前　　言

纵观世界工程教育，工科人才培养及业态转型方向与工业未来发展趋势保持高度一致，日趋复杂的工程实景将更紧密地嵌入工程教育过程。作为传统教育领域，我国工程管理专业只有持续融合工业化、信息化和智能化的新业态、新需求，才能更好地面对世界高等工程教育转型提供的新机遇、新挑战。对于高校工程管理教育来说，工程管理专业 BIM 人才培养和教育是信息化背景和建筑行业未来发展趋势下我国工程管理教育必须面对的教育范式转型问题。然而，我国建设行业 BIM 的快速推广和应用使得工程管理 BIM 教育在人才能力结构、知识体系、实践技能和实践教学培养方案等方面尚存在些问题，亟需系统分析和实践探索。

本书立足于数字经济下新业态的人才需求，以整合性思维进行多学科交叉改造，重构工程管理专业 BIM 人才知识体系，梳理再造工程管理 BIM 人才实践技能要素，探索构建工程管理 BIM 人才核心能力结构，同时开展案例实证以研究新的教学培养模式，这不但为工程管理专业 BIM 教育研究提供了一个新的理论基础，也为高校工程管理教育培养转型升级提供了参考范例。

全书主要围绕如何形成工程管理专业人才培养的升级路径及如何进行人才培养方案的创新实践两个问题进行研究，共六章，主要包括：绪论、工程管理专业 BIM 教育研究理论基础、BIM 人才素质分析、BIM 课程融合框架、BIM 融合建设方案、BIM 毕业设计创新实践教学改革案例等几大核心内容。全书以 KSA（Knowledge，Skill and Ability）模型为升级传统工程管理教育的逻辑主线，以"知识体系—实践技能—能力结构"三个模块为工程管理专业人才培养升级路径的核心支撑，打造"两模块三层次"创新实践方案，分析工程管理与 BIM 的融合，重构知识体系、再造实践技能集、探索新业态下工程管理人才核心能力结构；并以工程管理专业 BIM 教育和 BIM 毕业设计为案例背景，重塑工程管理专业技能与能力集，进行 BIM 实践平台和 BIM 课程体系建设，为构建工程管理专业 BIM 课程融合框架和打造可复制可推广的工程管理 BIM 毕业设计实践模式提供实践支撑。

全书由长安大学张静晓教授编著和定稿。广联达股份有限公司李洪涛高工参与编写了第 1 章第 2 节和第 5 章。研究生唐晓莹、蒲思和高磊帮助整理了书稿。随教龄增加，对教学研究兴趣日增，位卑未敢忘师责，然艰辛自知。本书是著者近 10 年工程管理专业教学研究工作的摸索总结，此书出版，以萤火之光，盼方家驻足，关注工程管理专业教学研究的规范性和实证性，关注工程管理专业的课程发展和课程建设，抛弃口号，从微观入手提升专业发展。在此，衷心感谢王要武教授、成虎教授、王孟均教授、易冰源研究员和庞永师教授等行业名家对我的持久关心、指导和帮助，坚定我的教学研究信念。感谢研究生翟颖、唐晓莹、王引、赵陈颖、崔凡、周鹤、蒲思、康乐、李芮等在完成学业的同时，克服困难，助力我的教学研究工作。编写过程中参阅了大量的文献和资料，对于这些文献的作者及资料的提供者也表示深深的谢意。

本书的研究工作得到了陕西省高等教育教学改革研究重点项目"工程管理人才'学校教育—工程实践—创新创业能力'整合机制与质量控制研究（17BZ017）"、全国工程管理专业学位研究生教育课题"依托行业背景，围绕'课堂教学—实验平台—实践基地'建设MEM课程教学体系（2017-ZX-004）"的支持，在此表示感谢。

著述难免有疏漏或不足之处，敬请各位专家、学者、同行批评指正。

张静晓

2018 年 7 月

目 录

第1章 绪论 1
  1.1 工程管理专业BIM教育研究背景 1
    1.1.1 新业态背景下工程管理教育面临新挑战 1
    1.1.2 "新工科"建设对工程管理人才培养提出新要求 2
  1.2 工程管理专业BIM教育研究现状 3
  1.3 本书的研究问题及思路 9
    1.3.1 研究问题及目标 9
    1.3.2 研究思路及意义 10
  1.4 本书章节结构 14

第2章 工程管理专业BIM教育研究理论基础 16
  2.1 "新工科"理论分析 16
    2.1.1 "新工科"理论内涵 16
    2.1.2 "新工科"建设思路 17
    2.1.3 "新工科"视域下的专业建设 18
  2.2 "知识—技能—能力"人才素质模型分析 21
    2.2.1 "知识—技能—能力"人才素质模型的界定 21
    2.2.2 工程管理专业知识、技能、能力关系分析 22

第3章 工程管理专业BIM人才素质分析 23
  3.1 工程管理专业BIM人才培养要求及现状 23
    3.1.1 工程管理专业BIM人才培养要求 23
    3.1.2 工程管理专业BIM人才培养现状 24
  3.2 工程管理专业BIM人才技能结构分析 26
    3.2.1 工程管理人才通用技能结构 26
    3.2.2 工程管理人才BIM技能结构 28
    3.2.3 基于BIM的工程管理人才实践技能集 28
  3.3 工程管理专业BIM人才能力分析 29
    3.3.1 工程管理专业人才核心能力分析 29
    3.3.2 工程管理专业BIM人才能力结构 31

第4章 工程管理专业BIM课程融合框架 35
  4.1 工程管理专业BIM课程融合分析 35
    4.1.1 BIM与《高等学校工程管理本科指导性专业规范》 35
    4.1.2 工程管理专业BIM知识点分析 37
    4.1.3 工程管理专业BIM知识树 39
  4.2 工程管理专业BIM课程建设 41

  4.2.1 BIM 课程建设的先决条件 ·· 41
  4.2.2 BIM 课程搭建 ··· 42
  4.2.3 BIM 课程建设的目标 ·· 43
  4.2.4 BIM 课程建设的内容 ·· 44
  4.2.5 BIM 课程设计方案 ·· 46
  4.2.6 BIM 教育实践教学平台构建 ·· 47
 4.3 工程管理专业 BIM 课程教学模式 ··· 49
  4.3.1 BIM 教学模式现状 ·· 50
  4.3.2 混合式教学模式及框架 ·· 51

第 5 章 工程管理专业 BIM 融合建设方案 ··································· 55
 5.1 BLM 融合建设方案 ·· 55
  5.1.1 BIM 技术在建筑全生命期应用场景 ································· 55
  5.1.2 BIM 实训体系 BLM 融合建设思路 ································· 56
  5.1.3 BIM 实训体系 BLM 融合建设内容 ································· 57
 5.2 BIM 造价方向建设方案 ·· 60
  5.2.1 BIM 造价方向发展需求分析 ·· 60
  5.2.2 BIM 造价方向实训建设目的 ·· 61
  5.2.3 BIM 造价方向实训建设思路 ·· 61
  5.2.4 BIM 造价方向实训建设方案 ·· 62
 5.3 BIM 施工方向建设方案 ·· 66
  5.3.1 BIM 施工方向发展需求分析 ·· 66
  5.3.2 BIM 施工方向实训建设目的 ·· 66
  5.3.3 BIM 施工方向实训建设思路 ·· 67

第 6 章 工程管理专业 BIM 毕业设计创新实践教学改革案例 ······ 74
 6.1 工程管理一体化案例教学的 BIM 毕业设计教学改革与实践 ····· 74
  6.1.1 工程管理 BIM 毕业设计教改设计 ·································· 74
  6.1.2 工程管理 BIM 毕业设计教改实践 ·································· 75
  6.1.3 案例总结与建议 ·· 97
 6.2 基于团队学习的工程管理 BIM 毕业设计教学改革与实践 ········· 99
  6.2.1 基于团队学习的工程管理人才培养 ································ 99
  6.2.2 基于团队学习的 BIM 工程能力培养逻辑 ······················ 100
  6.2.3 基于团队学习的工程管理专业 BIM 毕业设计教改实践 ····· 104
  6.2.4 案例总结与建议 ·· 110
 6.3 基于结果导向的工程管理 BIM 工程能力培养教学改革与实践 ····· 111
  6.3.1 结果导向的工程管理人才培养 ······································ 111
  6.3.2 结果导向的 BIM 工程能力培养逻辑 ····························· 112
  6.3.3 结果导向的工程管理专业 BIM 毕业设计教改实践 ······· 118
  6.3.4 案例总结与建议 ·· 122

参考文献 ··· 124

第1章 绪 论

新经济形态下，BIM 技术积极拥抱建筑行业，建筑行业对 BIM 人才的需求也大大增加，然而，当前高校对于工程管理专业 BIM 人才的培养仍缺乏系统性，缺乏系统的培养框架，在知识、技能、能力方面都难以适应行业对于工程管理专业 BIM 人才的需求。基于此，本书立足于 BIM 在工程项目的全寿命周期应用，以人才素质模型为主线，重塑工程管理专业技能与能力集，搭建工程管理专业 BIM 培养框架，形成 BIM 知识树，构建工程管理专业 BIM 课程融合框架，进行 BIM 课程体系和 BIM 实践平台建设，以 BIM 毕业设计为例，打造可复制可推广的工程管理 BIM 毕业设计实践模式。

1.1 工程管理专业 BIM 教育研究背景

1.1.1 新业态背景下工程管理教育面临新挑战

随着新一轮科技革命和产业变革加速进行，新经济蓬勃发展。BIM、物联网、云计算、虚拟现实、移动技术、协同环境和大数据等 ICT（Information Communications Technology）技术积极拥抱传统行业，打破了原来的传统发展模式。建筑智能化技术与数据技术、智能建筑与智慧城市已深度融合，工程建设呈现可持续发展，大型、特大型智慧工程项目增多，装配式建筑增多，BIM 技术在项目管理中应用增多。

智能化专业与建设各专业的融合，使得项目系统环境更加多变，约束条件增多、管理层次增多，更加强调智慧性、技术性、社会性、综合性、创造性和可持续性，工程管理的目标正由"通过应用管理技术和计算机技术实现成本、进度和质量控制"转变为"全寿命周期范围内智慧化管理，实现经济、环境和社会价值最大化"。当前我国十分缺乏具备科技、经济、法律、政治等多学科知识、通晓 BIM 技术、实践能力强，兼具核心技术研发、全球化思维、现代管理组织等素养的综合性创新人才。这已经成为制约我国工程实践升级改革的重要因素，已经严重影响到建筑业的持续健康发展。

目前，工程管理为建筑业服务所面临的挑战如下：

（1）学生、教师和家长对建筑行业的负面印象，以及对建筑行业大量就业机会缺乏了解，影响了工程管理专业把优秀的全素质人才吸引到建设教育的能力。

（2）高等教育中，政府的愿望是提高研究生产力，而工程管理专业关注优质本科教育，二者之间的紧张关系对工程管理专业构成了威胁，影响了提高工程管理专业动态课程的能力，以及保留许多不符合研究期望但具有丰富行业经验的合格教师的能力。

（3）需要有行业经验的建筑业教师。作为专业教育工作者，建筑业教师的职责之一是指导未来的建筑业领袖。许多优秀的工程管理专业教师都是有着多年行业经验的人，他们将教师作为自己的第二职业，但高校不会雇佣一位没有博士学位的全职教师。

（4）近年来，建筑工程的复杂性增加，替代项目的交付变得更加普遍，技术的使用也得到了发展。除了建设项目的复杂性，沟通和领导能力是建设项目成功的关键因素。因此，建筑业对具备较强软技能的毕业生的需求越来越大，以确保毕业生能够"平稳落地"。但是，目前高等教育和资格认证的现状限制了工程管理专业的灵活性和相应课程的发展。

（5）当今高等教育的典型学科得到了国家组织和政府机构的科研支持，一些项目正在转向招聘更多土木工程博士，但他们的实践经验有限。如果这一趋势得不到解决，建筑行业就有可能失去对优质本科教育的关注，进而满足不了对高等教育研究日益重视的需求。

依据住房和城乡建设部工程管理学科专业指导委员会发布的工程管理专业培养指导方案，工程管理教育要以土木工程技术为支撑，管理、经济和法律相交融，辅以工程师基本训练，使学生掌握国际通用的工程管理知识体系，具备全球就业能力。然而，从现实情况来看，国内工程管理专业的培养目标多是从专业特点的角度来确定，缺乏"顾客定位"的培养目标（即面向行业）形成机制，人才培养呈现单一性、分割性与封闭性等问题。在培养内容上，未能结合BIM技术背景，知识体系落后，多学科知识技能培养滞后，人才能力不全面。在教学设计上，重理论教学、轻实践能力培养；重知识传授、轻综合素质培养、缺乏创新创业教育等问题十分突出。在教学条件上，实践教学环节条件不足，多数高校难以形成高素质创新型人才培养的实践教学平台。在教学管理方面，虽较重视对教师教学的管理，但在如何更好地调动教师的积极性，将教师科研与教学紧密结合，做好教师自身的教学能力培养等方面仍有很大的提升空间。在评价方面，还没形成科学、完善的评价机制。一方面对教学效果缺乏严格的监控和科学有效的评价；另一方面对人才培养质量缺乏评价，使得高校不仅对自己培养出来的学生质量缺乏信心，更无法实现人才培养质量不断改进的良性循环。

1.1.2 "新工科"建设对工程管理人才培养提出新要求

随着人工智能、大数据、云计算等前沿科技逐步取得技术性的突破，以智能产业牵引的新一轮科技革命和产业革命如火如荼地进行着，未来5~15年是传统工业化与新型工业化相互交织、相互交替的转换期，是工业化与信息化相互交织、深度融合的过渡期，也将是世界经济版图发生深刻变化、区域经济实力此消彼长的变化期。"三期叠加"为全球制造业加快发展和转型升级提供了重要的战略机遇，也给世界高等工程教育转型提供了新机遇、新挑战。

面向未来技术和产业发展的新趋势和新需求，世界高等工程教育面临着新机遇、新挑战，我国高等工程教育的改革发展也已经站在新的历史起点，但就目前来看，我国工程教育还面临着很多问题，比如工科教育理科化、工程人才综合实践能力缺乏、工科教育的核心能力定位不明确、所学知识技能与社会发展和产业需求不完全契合等，人才培养瓶颈对我国未来工业的发展和综合国力的提升形成了巨大阻碍。可以预见，在未来二十年里，技术与产业变革趋势下的工程"新业态"，将给我国工程科技人才培养带来新要求，教育部恰逢其时地提出了"新工科"计划，这是基于国家战略发展新需求、国际竞争新形势、人才全面能力培养新要求而提出的我国工程教育改革方向[1]。

面对工程教育的新革命，大学作为工程人才培养的主力军，应该明确什么是"新工科"、为什么要"新工科"、"新工科"培养什么人以及高校如何进行"新工科"建设等问题，积极发挥首创精神，聚焦需求，主动实践，探索和推进"新工科"建设发展[2]。

"新工科"视域下工程人才能力框架的构建需要以工程人才培养目标为依据,而人才培养目标又要以产业和社会需求为导向,培养能够适应、甚至引领未来工程需求的人才。专业人才的培养更要以"理论+技术+创新能力"这种具有综合素质的复合型工程管理人才为目标,强调人才的实践性、创新性和开放性。人才的开放性体现在知识的集成化、国际适应性和新技能的掌握上。如何在新的工程环境下培养一大批符合现代工程教学与理念、高素质的 21 世纪工程技术人才,并保障培养质量,是高等院校急需解决的现实问题。

因此,工程管理人才培养亟需改革和创新。要立足于数字经济下新业态的需求,健全多层次工程管理人才培养体系,以整合性思维进行多学科交叉改造,重构工程管理专业 BIM 人才知识体系,梳理再造工程管理 BIM 人才实践技能要素,探索构建工程管理 BIM 人才核心能力结构,探索新的教学培养模式。实行课堂教学与工程实践并行,通过校企合作加大专业技术、经营管理和技能的多方面培养力度,完善从研发、转化、生产和管理的培养体系,以课堂教学指导工程实践,以工程实践反馈课堂教学,两者协同促进工程管理专业 BIM 人才创新创业能力的形成,为"一带一路"建设和中国建筑业产业转型升级助力。这既符合我国工程管理专业人才需求,又契合了我国工程管理教育培养改革和实践的现实需要。

1.2 工程管理专业 BIM 教育研究现状

针对工程管理专业 BIM 教育的新挑战和新要求,高校应用 BIM 现状的调研采取网络问卷的方式展开,问卷主要从高校是否开展 BIM 教学、BIM 实训室建设情况、BIM 课程建设、基于 BIM 的校企合作、BIM 技能等级证书认证以及借助 BIM5D 平台的课程设置等问题展开调查,调研对象主要为全国范围内设置工程管理、建筑工程技术、工程造价、土木工程及相关专业的应用型本科及高职院校的专业骨干教师、专业带头人或教研室主任、院系领导等。

1. 高校推广 BIM 技术情况调研分析

高校开展 BIM 相关工作的调查结果如图 1-1 所示,从图中可以看出,有 77.7% 的高校已经开展了与 BIM 相关的工作,但仍有 17.6% 的高校尚未开展。

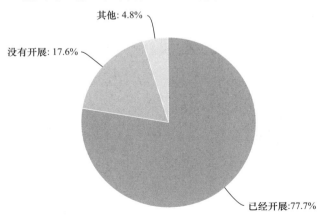

图 1-1 高校开展 BIM 工作情况

调查发现（图1-2），BIM技术在高校推广普及的困难及阻碍主要表现在缺乏BIM师资（71.8%）、没有相应的课程及教材支撑（60.1%）、校企合作模式无法落地（58.0%）三方面，现有人才培养方案、软件障碍、实训室情况及高校的重视度也是阻碍因素。

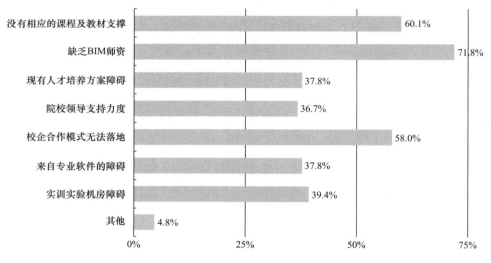

图1-2　BIM技术在高校推广普及的困难及阻碍

调查结果显示（图1-3），BIM技术在高校推广首先要做的工作应该是培养专业的BIM师资（78.7%）和建立专业的BIM综合实训室（68.1%），加强与企业的产学研合作（65.4%）也至关重要，同时基于BIM技术修改现有的人才培养方案（50.0%），另外组织开展BIM相关培训认证工作、参加BIM大赛、组织BIM学生社团也能有效推进BIM技术在高校的普及。

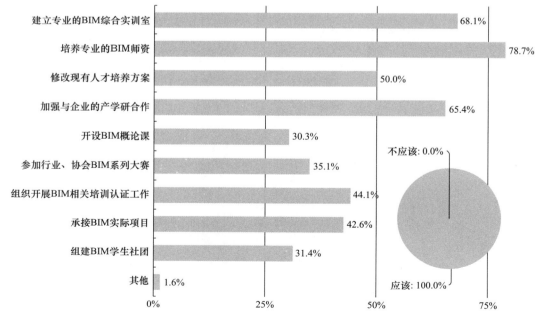

图1-3　高校普及BIM技术着手点

2. 高校 BIM 教学情况调研分析

本次调研从高校开展 BIM 教学必要性、开展 BIM 教学情况、开设 BIM 相关课程情况、BIM 与现有专业或课程结合情况等四个方面进行了调研。

调研结果表明，所有参与调研的高校一致认为在高校开展 BIM 教学是必要的，高校开展 BIM 教学主要是出于行业发展趋势和企业用人需求的考虑，同时也是教学改革、高校转型及打造高校品牌的催化剂（图 1-4）。

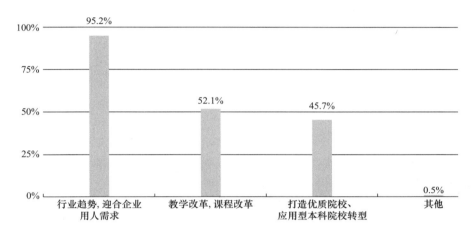

图 1-4　开展 BIM 教学的必要性

调研高校中，有 58.5% 的高校已经开设 BIM 相关课程，仍有 41.5% 的高校还未开设，如图 1-5 所示。

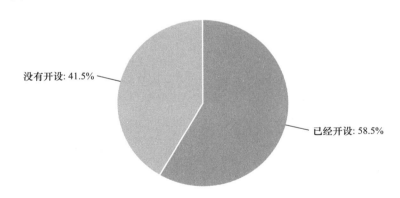

图 1-5　开设 BIM 教学情况

同时调研高校认为，BIM 技术入课应该表现在开设 BIM 建模课、BIM 实训课以及 BIM 融入课等方面，开设单独 BIM 理论课和选修课也可作为考虑之列，如图 1-6 所示。

另外，已有 55.9% 的调研高校中建立了 BIM 实训室，为 BIM 教学的开展提供了条件，有 20.7% 的高校打算建立 BIM 实训室，但仍有 23.4% 的高校还没有建立，如图 1-7 所示。

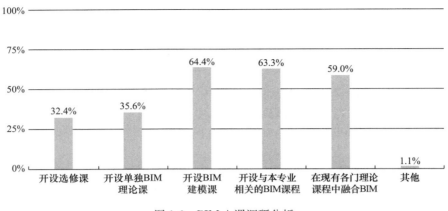

图 1-6　BIM 入课调研分析

3. 基于 BIM 校企合作调研分析

99.5% 的调研高校认为基于 BIM 的校企合作是有必要的（图 1-8），对高校产生的价值主要集中在高校可以参与实际项目、双师型队伍的培养、产学研落地及人才输送四个方面，同时校企可以共同开发课程，高校可以对企业进行 BIM 培训，企业为高校提供项目观摩，如图 1-9 所示。

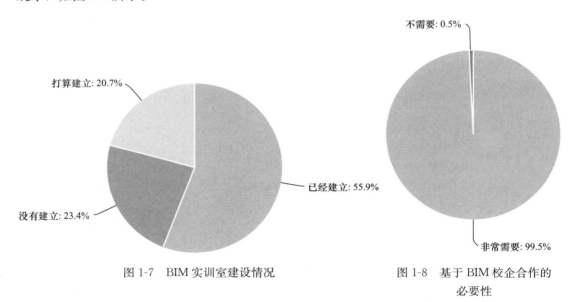

图 1-7　BIM 实训室建设情况　　　　图 1-8　基于 BIM 校企合作的必要性

4. BIM5D 实训课程设置调研分析

针对 BIM5D 课程设置问题，从 BIM5D 实训课程如何设置、BIM5D 实训教材如何编写、BIM5D 综合实训课程如何授课等方面展开调研。

从调研结果看（图 1-10），调研高校中已有 14.9% 对 BIM5D 施工项目管理软件非常了解，也有 67.6% 的高校基本了解，但仍有 17.0% 的高校不了解，必须进一步加大 BIM5D 的宣传力度。

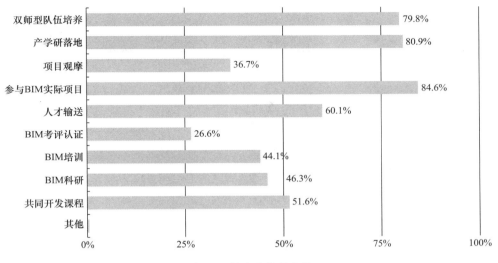

图 1-9 校企合作的价值

从图 1-11 可以看出,89.4% 的高校表示对基于 BIM5D 软件开发的综合管理实训课程非常感兴趣,也就说明开发基于 BIM5D 软件的综合管理实训课程适应高校对人才培养的需求,是非常必要的。

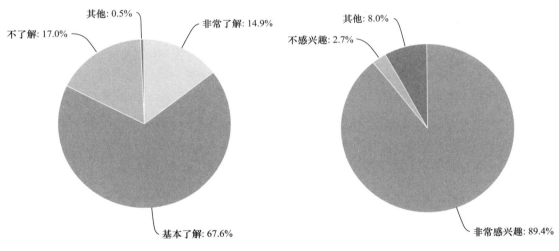

图 1-10 高校对 BIM5D 的
了解程度

图 1-11 高校对基于 BIM5D 的综合
管理实训课程的感兴趣程度

从图 1-12 可以看出,对 BIM5D 实训教材的编写的关注点集中在理实结合(65.4%)、施工阶段项目管理实训(59.0%)、设计到施工全过程实训(56.9%)三方面。

另外,从调研结果得到,BIM5D 实训教材结合现有课程主要集中在工程项目管理、工程造价管理、建筑施工组织、建筑施工技术四门课程,还可以结合建筑工程计量计价、工程招标投标等相关课程。

调研结果显示(图 1-13),BIM5D 综合实训课程授课以团队形式展开占比为 63.1%,使用网络开展基于 BIM 云的协同实训占比为 21.4%。

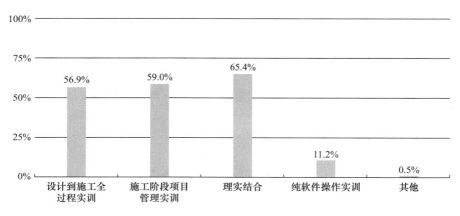

图 1-12　BIM5D 实训教材编写期望值

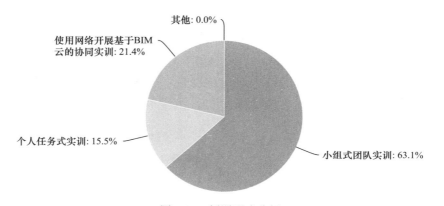

图 1-13　授课形式分析

实训课时安排的调研结果比较离散（图 1-14），32 课时的比例为 24.5%，48 课时的比例为 18.6%，24 课时的比例为 16.5%，56 课时的比例为 16.0%，说明课时数的确定与学校实际关系密切，也与实训内容有关。

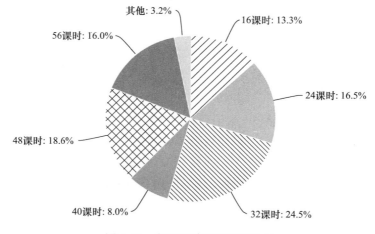

图 1-14　实训课程课时安排分析

BIM 及 BIM5D 在高校推广及应用已经起步，但仍然不够深入，在普及过程中仍存在着一定的困难和阻碍，如缺乏掌握 BIM 技术的师资队伍、BIM 教材建设滞后、校企合作难以落地等，需要找到切实有效的方法解决这一问题。

基于 BIM5D 软件的实训教材开发势在必行，教材应采取理实结合的方式，能体现施工阶段项目管理或者设计到施工全过程管理，更好地提升和指导教学。

加强基于 BIM 的校企合作，高校师生参与实际项目，校企共同开发课程，是培养双师型 BIM 师资队伍的需要，也为企业提供合格的 BIM 技术人才，从而推进产学研有效落地。

5. 高校 BIM 应用情况总汇

高校作为 BIM 人才培养的主力军，各大高校纷纷成立 BIM 技术研究机构、BIM 社团，形成了学习 BIM、应用 BIM、研究 BIM 的良好学习氛围。

通过调研结果可以看到，大部分高校均已开展 BIM 活动，如图 1-15 所示。高校开展 BIM 活动主要依靠 BIM 相关大赛或者是 BIM 培训，BIM 技术高校实施的难题是 BIM 专业建设及专业人才培养方案的修订。

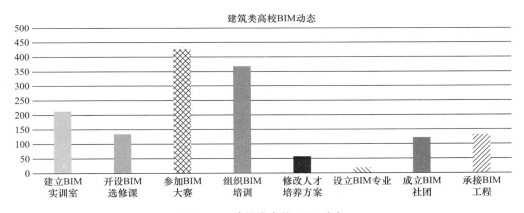

图 1-15　建筑类高校 BIM 动态

1.3　本书的研究问题及思路

针对各高校应用 BIM 现状的调研结果，本书主要围绕如何形成工程管理专业人才培养的升级路径及如何进行人才培养方案的创新实践两个问题进行研究，以 KSA 模型为升级传统工程管理教育的逻辑主线，考虑工程管理与 BIM 的融合，重构知识体系、再造实践技能集、探索新业态下工程管理人才核心能力结构。

1.3.1　研究问题及目标

1. 研究问题

新经济的本质是数字化经济，因为整个工业环境的转换是以数字化技术（ICT）为基础的,其人才需求主要是满足"工业,尤其是传统制造业通过信息化的改造、升级,从而实现新模式的生产和服务"。在新经济背景下,ICT 技术正颠覆着传统的工程建设实践,项目管理跨学科合作增多,BIM 技术在项目管理中应用增多。这种新的工业发展趋势即 BIM 的广泛应用使得传统工程管理教育在知识体系和人才培养模式方面已呈现出明显的不适应:(1)人才能力结构不适应;(2)知识体系不适应;(3)实践技能不适应;(4)实践教学培养方案不适应。鉴于此,本书的研究问题主要包括如下两个方面:

(1)如何立足新业态需求,以知识、技能和能力为主线,形成工程管理专业人才培养升级路径?具体来说,就是面向新业态,基于工程建设的全寿命周期视角,以 BIM 教育为核心,扩充工程管理专业知识体系,探讨提出工程管理人才核心能力结构,更新工程管理人才实践技能集,以匹配新业态需求。

(2)如何进行人才培养方案的创新实践?具体来说,创新实践教学手段,打造"两模块三层次"实践教学平台,落实以学生为中心、结果导向教学等教育理念在工程管理专业的实践应用,探索新经济背景下混合式学习、CDIO(Conceive, Design, Implement and Operate)教学与工程管理教育的融合。

2. 研究目标

基于知识、技能、能力人才素质模型,立足新业态需求,探索构建工程管理人才核心能力结构,整合重构工程管理知识体系,梳理再造工程管理人才实践技能要素,探索新的实践教学培养模式。具体包括如下四个目标:

(1)面向新业态,立足 BIM 技术在建设项目全寿命周期的应用,重构新经济形势下工程管理专业人才知识体系。以新业态需求为导向,将传统专业知识体系扩充为"技术、经济、管理、法律、信息、工业工程"六大知识体系,围绕建设工程全寿命周期,构建工程管理专业 BIM 课程融合框架,打造工程管理专业 BIM 课程。

(2)基于 BIM 技术背景,剖析职业资格能力,梳理再造工程管理人才实践技能要素。融合 CDIO 工程教育理念,梳理新业态下全寿命周期内工程管理人才所需实践技能,更新工程管理人才实践技能集,注重真实案例和教学范式的规范性应用,通过 TBL、结果导向、能力导向教学,解决工程管理人才实践技能不适应新业态发展的问题。

(3)探索工程管理 BIM 人才素质结构。从技能结构和能力分析两方面对工程管理专业 BIM 人才素质进行分析,面向行业新背景,在原有的工程管理人才通用技能结构和核心能力中加入 BIM 技能结构和 BIM 能力形成工程管理专业 BIM 人才所需技能和能力。

(4)面向新业态行业人才能力需求,立足"理实合一",打造"两模块三层次"创新实践教学方案。创新实践教学手段,搭建"互联网+工程管理"的智慧教学模式,将课堂教学与产业研发实际结合,融通线上线下两个空间进行混合式教学,打造"两模块三层次"创新实践教学方案,解决工程管理专业 BIM 人才能力培养的行业需求问题。

1.3.2 研究思路及意义

1. 研究思路

本书的研究思路主要由以下几部分组成:

首先，基于 BIM 技术融合建筑业的背景，以 KSA（Knowledge，Skill and Ability）模型为升级传统工程管理教育的逻辑主线，考虑工程管理与 BIM 的融合，重构知识体系、再造实践技能集、探索新业态下工程管理人才核心能力结构。本书的研究总体框架如图 1-16 所示。

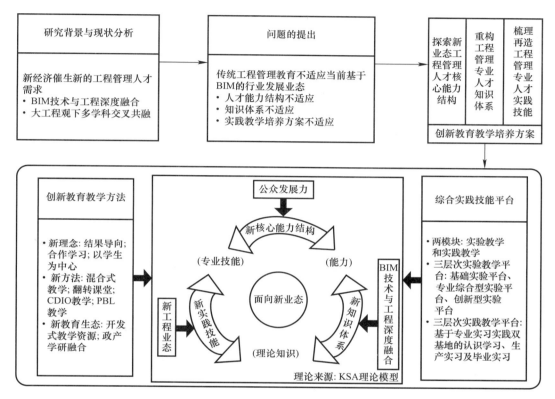

图 1-16　研究总体框架示意图

其次，图 1-16 总体研究框架中的知识体系—实践技能—能力结构三个模块为工程管理专业人才培养升级路径的核心支撑，其总体逻辑关系具体如图 1-17 所示。面向行业发展新背景，融合 BIM 技术与工程管理专业，重构工程管理专业人才的知识体系，着重建设工程管理专业 BIM 课程，新建面向基于 BIM 的行业发展业态的实践技能和能力结构。详细描述如图 1-18 和图 1-19 所示。

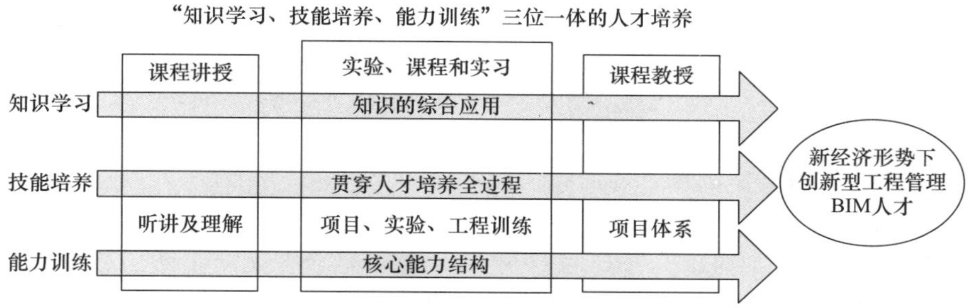

图 1-17　基于 KSA 的工程管理专业"理实合一"BIM 人才培养升级路径示意

Skill:实践技能集	I.既有实践技能				
	• 项目策划 • 市场需求分析 • 项目投资分析 • 项目计划	• 方案经济评价 • 项目市场评价 • 项目投资分析 • 项目整体计划	• 项目招投标 • 项目融资 • 估价和工程量清单编制 • 项目合同策划和分析 • 项目风险评估	• 项目的质量管理 • 项目的安全管理 • 项目的进度管理 • 项目合同管理 • 项目成本控制	• 后评价 • 工程审计 • 项目运营 • 设施管理
	II.新增知识模块				
	• 精益建造思想 • 供应链思维 • 大数据分析 • 模块化建筑决策支持	• BIM技术的协作 • 基于BIM的建筑/结构模型设计 • 模块化建筑设计管理 • VR	• 结构经济评价能力(BIM)-AEC设计 • 基于BIM的采购管理 • 资产信息管理 • 物流	• 基于BIM的项目质量、安全、进度、合同和成本管理(碰撞检测、施工模拟) • 安装管理 • 检测	• 基于BIM的运营管理 • 更新管理 • 资产信息管理
	策划阶段	设计阶段	采购阶段	构件生产+施工阶段	运维阶段

图 1-18 基于 BIM 的工程管理专业实践技能集示意

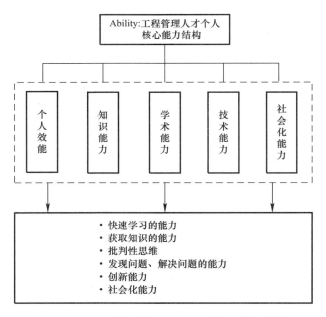

图 1-19 工程管理专业 BIM 人才核心能力结构

再次,打造"两模块三层次"创新实践方案,改造升级传统工程管理专业,力图保障面向新业态的工程管理人才知识、技能、能力实现螺旋上升,培养"理实合一"的工程管理专业人才(图 1-20),以确保人才培养适应业态的发展。

最后,以工程管理专业 BIM 教育为例,贯彻执行该框架,验证研究思路和研究内容的可操作性和可重复性,构建工程管理专业 BIM 课程融合框架,重塑工程管理专业技能与能力集,进行 BIM 实践平台和 BIM 课程体系建设,以 BIM 毕业设计为例,打造可复制可推广的工程管理 BIM 毕业设计实践模式。

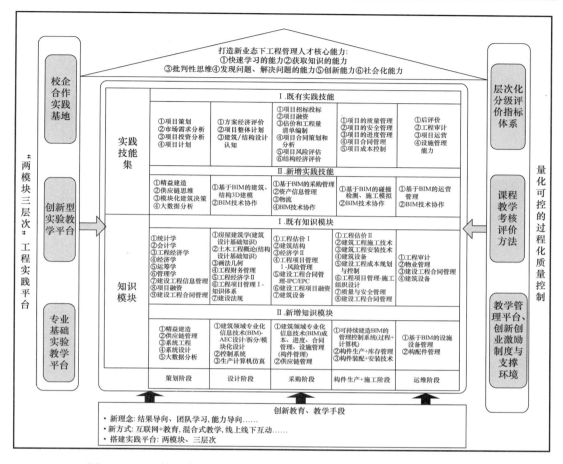

图 1-20 工程管理专业 BIM 人才培养"两模块三层次"创新实践方案示意

2. 研究意义

本研究关注新经济背景下工程管理专业人才培养升级路径以及创新实践，最终成果注重面向行业人才能力需求，立足"理实合一"，突出多学科交叉融合，基本形成办学规模适合市场需求、课程结构适应行业发展，校企融合贯穿办学过程，创新工程管理专业人才培养实践方案及教育教学手段。这有利于新形势下高级工程管理创新型人才的培养，可为国家重大工程和大型企业培养复合型"技术＋管理"骨干，向行业输送执业能力强、具有以信息技术革命为主的"新经济"意识和创新能力的工程管理人才。

（1）理论意义

系统梳理国内外高等工程教育研究方面的最新研究成果，基于 BIM 与工程深度融合背景，结合工程管理教育的特点和目标，对基本理论进行分析和研究，探索构建新工程管理专业人才核心能力结构，重构专业边界，扩充知识体系，梳理再造工程管理专业实践技能集，融入新的教学理念，创新培养方案，融通线上线下人才培养空间，多元化工程管理教育，为传统工程管理专业的改造升级提供了理论支撑。

1）以 KSA 为理论模型，探索传统工程管理专业改造升级路径，为传统工程教育改造升级提供了建设思路，丰富了工程教育改革理论。

2）构建新业态所需工程管理 BIM 人才的核心能力结构，重构新经济形势下工程管理专业人才知识体系，梳理再造工程管理人才实践技能要素，拓展了工程管理人才培养体系，注入了新的理念和要点。

3）创新教育教学手段。引入新的教学理念和"互联网＋教育"，教学方式上融通线上线下两个空间，采用混合式教学，翻转课堂，推进信息技术与工程管理教育教学深度融合。创新教学理念，引入 TBL、结果导向、能力导向教学，实现"以教为主"向"以学为主"转变。

（2）实践意义

基于新业态特点分析与人才需求，重新设置、整合和优化课程体系与实践技能集，构建知识学习、技能培养、能力训练逻辑进阶的工程管理专业人才培养模式升级路径，增强课堂教学与社会需求的对接程度；培养兼具"理论＋实践＋创新"的工程管理人才，对我国建筑行业的健康快速发展、增强我国建筑企业综合实力和改善企业经济管理具有重要意义，有利于促进建筑新业态发展，加速建筑业转型升级。

1）立足"理实合一"，构建了面向需求，知识学习、技能培养、能力训练三位一体的人才培养模式，搭建综合实践技能提升平台，融通线上线下空间，多元化教学手段与理念，以提升人才核心能力为最终目的，形成了实践性强的新经济背景下"理实合一"的工程管理人才培养方案。

2）强化新经济背景下复合型工程管理人才的培养，以长安大学为案例高校，结合校内学科优势，建设了相关理论与实践课程培养体系，构建了"虚实结合"的实践技能培养平台，为其他高校进行传统工科改造升级提供了借鉴案例。

1.4　本书章节结构

本书立足于新业态需求，在工程建设的全寿命周期视角下，以 BIM 教育为核心，扩充工程管理专业知识体系，探讨提出工程管理人才核心能力结构，更新工程管理人才实践技能集，同时进行人才培养方案的创新实践。

第 1 章分析了研究背景，即新业态背景下工程管理教育面临的新挑战以及"新工科"建设对工程管理人才培养的新要求，在该研究背景下，根据各高校应用 BIM 现状的调研及其结论，提出了所研究的问题及研究的思路。本部分内容有助于读者了解本书的框架及主要研究内容。

第 2 章讨论了研究的理论基础，剖析了新工科理论内涵、建设思路和新工科视域下的专业建设，对"知识—技能—能力"人才素质模型进行了界定，并分析了工程管理专业知识、技能、能力的关系。

第 3 章对工程管理专业 BIM 人才素质进行了分析，主要包括人才技能结构分析和人才能力分析两大部分。在当前工程管理专业 BIM 人才培养要求及现状下，人才技能结构分析包括通用技能结构分析和 BIM 技能分析，人才能力分析又包括人才核心能力分析和 BIM 人才能力结构分析两部分。

第 4 章构建了工程管理专业 BIM 课程融合框架。首先，从《高等学校工程管理本科指导性专业规范》视角,分析了培养工程管理人才 BIM 能力的重要性以及工程管理 BIM 教育培养层次,构建了工程管理专业 BIM 知识树。其次,基于知识(Knowledge)、技能(Skill)、能力(Abilitie)人才素质模型(KSA 模型),进行 BIM 课程的搭建,分析了 BIM 课程建设的目标及内容,并提出了 BIM 课程设计方案,构建了 BIM 教育实践教学平台。最后,提出了 BIM 混合式教学模式及其框架,对 BIM 课程建设进行了完善和补充。

第 5 章构建了工程管理专业 BIM 融合建设方案。首先从 BIM 在建筑全生命周期应用、BLM 融合建设思路及内容三方面分析了 BLM 融合建设方案;其次从 BIM 造价方向发展需求及其实训建设目的、思路、方案等方面分析了 BIM 造价方向建设方案;最后从 BIM 施工方向发展需求分析及其实训建设目的、思路等方面分析了 BIM 施工方向建设方案。

第 6 章进行了工程管理专业 BIM 毕业设计创新实践教学改革案例分析,主要包括三种模式:工程管理一体化案例教学的 BIM 毕业设计教学改革与实践、基于团队学习的工程管理 BIM 毕业设计教学改革与实践和基于结果导向的工程管理 BIM 工程能力培养教学改革与实践。

第 2 章　工程管理专业 BIM 教育研究理论基础

本章对全书所用的理论进行了简要介绍，分析了"新工科"理论内涵和建设思路，并提出贯穿全书的主线"知识—技能—能力"KSA 人才素质模型，阐述了行业形势下知识、技能和能力的具体含义。

2.1　"新工科"理论分析

2.1.1　"新工科"理论内涵

新工科（Emerging Engineering Education，3E）一词是"复旦共识"的一项重要成果，是与传统工业密切相关的"老工科"对应的概念体系，它是适应并引领面向未来的新经济、新技术、新业态、新产业、新模式的耦合性、创新性的工程学科专业结构体系，其本质特征是面向未来，强调专业建设与规划的动态性、灵活性、综合性、引领性，旨在培养学生具有面向未来的持续学习力、创新力、设计力和实现力，其内涵是以立德树人为引领，以应对变化、塑造未来为建设理念，以继承与创新、交叉与融合、协调与共享为主要途径，培养未来多元化、创新型卓越工程人才[3]。

事实上，要想准确解释"新工科"概念并不是一件容易的事，处于理论和实践探索中的"新工科"本身内涵十分丰富，涉及范围相当广泛。

包信和院士（2017）认为：新兴工科教育的内涵和外延，应该有两个方面，重构核心知识和学科交叉。鉴于此，从逻辑上分析，"新工科"至少包括两点，一是"所谓"，二是"所指"。"所谓"就是概念的内涵，此事物区别于彼事物的所有属性，即"新工科"和"老工科"的区别[4]。从教育角度看，两者都是聚焦于人才的培养，没有本质上的差别。最大的区别在于"新工科"的"新"，即：创新型、综合化、全周期工程教育"新理念"，新兴工科和传统工科相结合的学科专业"新结构"，工程教育人才培养的"新模式"，具有国际竞争力的工程教育"新质量"，中国特色工程教育的"新体系"。"所指"就是概念的外延，"新工科"形式与内容的"五新"是现实具体表现。"新工科"要实现从学科导向转向产业需求导向，从专业分割转向跨界交叉融合，从适应服务转向支撑引领，以继承与创新、交叉与融合、协同与共享等为主要途径，在总结技术范式、科学范式、工程范式经验的基础上，探索建立新工科教育范式[5]。

"新工科"的"新"，就是要培养主动适应新技术、新产业、新经济发展的卓越工程科技人才。新工科是"卓越工程师教育培养计划"的 2.0 版，丰富和加强了"卓越工程师教育培养计划"的内涵。林健[6]界定了新工科的内涵与特征，"工科"指工程学科，"新"包含新兴、新型和新生三方面含义；他强调要突破对工科的原有界定，超越传统工科专业设置，根据科技革命和产业革命及新经济需要，赋予新工科跨越学科界限和产业边界的新内涵；"新兴"指全新出现、前所未有的新学科，"新型"指对传统、现有（旧）学科进行转型、改造和升级的新学科,"新生"指不同学科交叉产生的新学科;新工科大体有引领性、交融性、创新性、跨界性、发展性等特征。"新工科"是有别于传统工科的学科交叉物,"老工科"对应的是传统工业,"新工科"对应的是新兴产业。不过也有人反对将"新工科"与"老工科"严格区分开来,认为两者其实关系密切,因为新形态、新产业并没有脱离原来的经济形态。

"新工科"必将引领我国高等工程教育改革的方向,其建设发展需要高校共同发力。在落实分类管理和发展战略基础上,工科优势学校、综合性大学和地方高校要有的放矢,进行"新工科"建设。部分地方本科高校进行应用型的转型与建设,与"新工科"建设具有交叉,要以"新工科"的理念为指引,主动对接地方经济社会发展需要和企业技术创新要求,把握行业人才需求方向,充分利用地方资源,发挥自身优势,凝练办学特色,深化产教融合、校企合作、协同育人,增强学生的就业创业能力,培养大批具有极强专业背景知识、工程实践能力、胜任行业发展需求的应用型和技术技能型人才,在区域经济发展和产业转型升级中发挥支撑作用。

专业建设是人才培养的基础工作,是高校教学的基础,具有持久性和引领性,专业建设是高校内涵式发展的主题之一,也是"新工科"建设的"新结构"主要内容。对于以培养应用型人才为使命的地方应用型本科高校来说,其专业的对接如何做到因时而动,根据地方产业需求进行专业建设;企业的对接如何做到积极开放,重视引入市场化力量推进产教融合;知和行的对接如何做到真正落地,注重提高学生工程实践和创新能力;如何充分发挥地方应用型本科高校在师资队伍、实践平台、行业协同等方面的优势,更大程度地实现学校与地方经济社会发展的"同频共振",还需要地方应用型本科高校开展广泛的实践与探索。

2.1.2 "新工科"建设思路

"新工科"的具体建设目标主要有以下四个方面的内容[3]:

一是响应国家发展战略需求,支撑服务以新技术、新业态、新产业、新模式为特点的新经济蓬勃发展,突破核心关键技术,构筑先发优势,培养大批新兴工程科技人才,在未来全球创新生态系统中占据战略制高点,在世界新一轮工程教育改革中发挥全球影响力,将"中国理念""中国标准"注入"国际理念""国际标准",扩大我国在世界高等工程教育中的话语权和决策权,实现从跟跑并跑到领跑的跨越,实现我国从工程教育大国走向工程教育强国。

二是推动学科交叉融合和跨界整合,产生新的技术,培育新的工科领域,拓展工科专业的内涵和建设重点,构建创新价值链,打造工程学科专业的升级版,大力培养工程科技创新和产业创新人才,服务产业转型升级,掌握我国未来技术和产业发展主动权。

三是完善新工科人才"创意—创新—创业"教育体系,广泛搭建创新创业实践平台,努力实现50%以上工科专业学生参加"大学生创新创业训练计划"、参与一项创新创业赛事活动,建设创业孵化基地和专业化创客空间,推进产学研用紧密结合和科技成果转化应用。

四是把握"新工科"人才的核心素养,致力于培养学生最核心的能力——学习而且是快速学习新事物的能力,强化工科学生的家国情怀、全球视野、法治意识和生态意识,培养设计思维、工程思维、批判性思维和数字化思维,提升创新创业、跨学科交叉融合、自主终身学习、沟通协商能力和工程领导力。

对于"新工科"的建设问题,"新工科"研究与实践有"双5重点":5项内核研究重点——新理念、新结构、新模式、新质量、新体系;5项外延研究重点——组织方式、协调机制、管理改革、评价改革、政策支持。这既是对新工科内涵特征的高度概括,也是为新工科建设和发展提供的建设思路。

新工科建设思路,主要从五个"新"发力[7]:

一是树立工程人才培养的"新理念"。高等工程教育要提升工程人才的创新创业精神和能力;要树立综合化的工程人才理念;要树立全周期的工程人才培养理念(CDIO),也就是集构思(Conceive)、设计(Design)、实现(Implement)、运作(Operate)为一体的工程教育模式,以产品研发到产品运行的生命周期为载体,使学生以主动的、实践的、课程之间有机联系的方式进行专业学习。

二是建立工程教育学科专业的"新结构"。一方面要改造升级传统的工科专业,另一方面要加快发展一批新兴工科专业。目前我国已在互联网技术领域实现较快发展,有数据显示,美国传统工科每年的毕业生和我国互联网技术领域的毕业生比例是1:1,我国互联网技术大类专业毕业生比例约为我国工科教育的1/3,并将持续提升。因此,为服务产业转型升级,要加快在一些新兴领域人才培养的布局,逐渐形成工程教育的"新结构"。

三是探索工程人才培养的"新模式"。教育部自实施"新工科"建设以来,提出建立多主体参与的校企协同的人才培养模式,旨在深化产教融合、体制机制改革和大学组织模式创新等,给予学生更多个性化发展空间的同时,还要建立高层次的工程人才培养模式。

四是建立工程教育的"新质量"。2017年,教育部正式发布各个专业类的人才培养质量国家标准,工科类专业标准已正式建立。此外,还将进一步完善中国特色国际实质等效的工程教育专业认证体系,进一步扩大认证规模,使我国更多专业能与国际实现实质等效。

五是探索工程教育各高校分类发展的"新体系"。即工科优势高校、综合性大学和地方高校都能发挥各自优势,促进各类学校分类发展,进而支撑我国产业转型升级,为我国创新发展培养一代又一代德才兼备的工程创新人才。

从具体工作而言,"新工科"建设无非就是两类[8]:一是根据新经济和新工业革命的要求,新建或从头开设一些"新工科"专业,或是根据其科学与工程技术的内涵与意向创设一批新的非以"专业"命名的教学形式或组织。它们可以从原来"综合大学"中产生,比如,从有的"应用理科"专业衍生出"新工科",或者从高等学校与研究机构,甚至企业协作联合组成。二是将原有的传统工科专业按照"新"的要求改造升级为"新工科"。在这种改造过程中,就要细密分析研判原有工程教育中哪些是合理有用的珍贵传统,哪些是需要扬弃的过时的"旧"东西。"新"是与"旧"相比较而言的,不知"旧",焉有"新"?只有这样才能做到"守正创新"。这种分析研判不仅要非常细致周密,而且还是十分繁琐复杂的,需要花费不少精力与功夫。

2.1.3 "新工科"视域下的专业建设

1. "新工科"视域下的专业建设路径

根据教育部"天大行动"计划,"新工科"将设行动路线明确指出建设目标:到2020

年,探索形成"新工科"建设模式,主动适应新技术、新产业、新经济发展;到 2030 年,形成中国特色、世界一流工程教育体系,有力支撑国家创新发展;到 2050 年,形成领跑全球工程教育的中国模式,建成工程教育强国,成为世界工程创新中心和人才高地,为实现中华民族伟大复兴的中国梦奠定坚实基础。为此,以应对变化、塑造未来为指引,以继承与创新、交叉与融合、协同与共享为主要途径,根据世界高等教育与历次产业革命互动的规律,面向未来技术和产业发展的新趋势和新要求,总结技术范式、科学范式、工程范式经验,探索建立新工科范式,推动思想创新、机制创新、模式创新,实现从学科导向转向以产业需求为导向,从专业分割转向跨界交叉融合,从适应服务转向支撑引领。高校通过探索建立工科发展新范式;问产业需求建专业,构建工科专业新结构;问技术发展改内容,更新工程人才知识体系;问学生志趣变方法,创新工程教育方式与手段;问学校主体推改革,探索新工科自主发展、自我激励机制;问内外资源创条件,打造工程教育开放融合新生态;问国际前沿立标准,增强工程教育国际竞争力等七个方面做好"新工科"建设。

"新工科"产生的路径可能是现有工科的交叉复合、工科与其他学科的交叉复合,产生新的学科专业;或者是理科,特别是应用理科向工科延伸,产生新的技术、新的工科领域;或者是两个的共同作用,无论何种途径,地方经济所需、产业所谋、企业所求,是"新工科"视域下专业设置、发展和建设的方向。

因此,"新工科"视域下专业建设路径首先应重视以下四个方面:

第一,学科专业的结构性调整。教育部将专业设置和调整审批权的下放,鼓励高校应坚持走应用型发展之路,破除"大而全"的思维模式和发展方式,应根据校内教育资源,呼应社会需求和企业所求,梳理专业结构,建设与培育一批强势、优势、前瞻性的专业;改造一批传统基础的专业;转变和合并一批师资力量弱、教学资源单薄、培养目标和教育方式等相同或相似的专业。通过抓重点,集中优势资源建设,突出专业优势,带动相关专业的协同发展,形成独具专业特色的应用型地方高校。

第二,专业知识体系结构的重构。未来的工程师知识层次基本分为分析、系统和高技术三个层次,要求夯实基础理论知识与扎实的理论训练、工程实践知识与其相关的知识结构、理论与实践之间的计算连接三方面共举[9]。逆推于专业建设,专业人才培养是专业知识和技术技能传输结果的体现,因果相连,专业知识结构体系的差异培养出方向不同的专业人才,相较于未来的工程师,传统下的专业知识体系就要进行重构,STEM(Science,Technology,Engineering and Mathematics)教育基础性知识不可缺少,专业知识结构将会由冷知识、热知识构成,即基础知识、应用知识、现实科研成果及进度以及结合实践的创新知识。在人才培养的基础上,据社会所需和企业所求,不局限于单一结构,多元化、精细化地进行知识结构调整,注重核心知识掌握,增强社会化、多学科的知识结构,进一步放开学分制,有利于专业建设的推进。

第三,专业教学方式的扩充。知识传输依赖于教学,教学过程是把所有信息交互活动的时空序列和所有相关的场景及课程进行有机的组织,以实现教学活动的高效、可控、有序。课堂教学、实践教学仍是主要的教学活动,但也要突破分割的、有限的、固化的传统教学环境,借助于多媒体教学、MOOC、SPOC 等方式,甚至采用 VR、AR 和人工智能等技术全方位演练时间工作过程,丰富教学方式,在有限的时空内,通过构建的真实职场要素高度集成的教学场景,完成知识的有效传输。

第四,专业师资结构的丰富。师资队伍性别比例、年龄层次、职称层次的结构稳定是教学与科研的保障。应用型本科教育提出"双师双能型"教师队伍,教师不仅要能从事职业教育教学工作,又要具有工程师、工艺师等技术职务;既要能胜任理论教学,又能指导学生实践。"新工科"下的师资要求不同知识的师资,必须坚持"三人行,必有我师焉"的思想,与社会企业联手,学校相互间协同能力强、技术过硬、专兼职相结合的师资队伍必不可少。

2. "新工科"视域下的专业建设着力点

"新工科"建设路线给出学校层面上的建设指导,可以说是一个建设框架指导,专业建设也要在其指导下进行。传承于理论研究指导,专业建设也需要有实体承载,以人、物为代表的物化实体,才能体现出建设的进程与成果,具体在于以下四个着力点。

(1)课程体系与教材。课程体系是人才培养的知识结构,是知识结构层次的载体,差异化的课程体系就会培养出独具特色的专业人才。课程体系不仅要体现出应用型特色,更应突出创新创造性、跨学科的综合性、面向未来个体的多样化,要达到兼容并包,这必然要求满足社会所需、企业所求,构造具有开创性的课程体系。课程体系结构性需要有课程及其教材的支撑,与时俱进的应用型课程建设,教材是不可缺少的载体,教材偏向性支撑突破学科界限的创新性课程,便于学生的理解与掌握,为学生提供超越其专业学科或领域局限的思维模式,使学生形成整合的视野和价值观。

(2)场景建设。场景建设可以归结为现实场景与虚拟场景。分割的、有限的、固化的现实场景包括最简单的教学场景载体——教室和实践实习教学平台与基地。其中,社会合作的实践实习平台与基地是现实场景建设的关键。信息技术的变革性丰富了场景的构建,突出表现为虚拟场景的灵活应用,在有限的现实场景内,可以通过多媒体、SPOC、MOOC等方式展现知识与技术技能,更可以通过VR、AR和人工智能充分构建无限可能的未来场景,尤其对于应用型高校,充分拓展时空限制,构建出真实职场要素高度集成的教学场景,结合现实场景,引导学生思维模式转变,提升学生知识的迁移和内化效果。

(3)师资队伍建设。教者,师也。承担应用型知识传输的能力要求强,"新工科"要求更加泛化,师资力量不局限于人数数量、职称结构、性别、年龄的硬性要求,更多的关注于教师的专业水平、教学水平、道德修养等的综合素质,一技之长即可为师,关键是为学生带来数与量的提高。现下所提倡的"双师双能型"是师资队伍建设的主导,树立优秀的带头团队,通过"引、培、转、聘"等方式,增强师资力量,与社会联手,联合打造能力强、技术过硬、专兼职相结合的师资队伍。同时,加强师德师风建设、德才兼备、师德与能力并重,以"上得了教室、下得去基地、讲得了课、做得了科研"的标准,逐步完善教师的"进入、晋升与退出"机制,培养高素质师资队伍。

(4)绩效与奖惩机制建设。以"新工科"为建设标准,建立其学校层面的人才培养标准、内控体系等相关制度,结合学科和专业,建设一学院一标准、一学科一标准、一专业一标准的绩效与奖惩制度,多样化与精细化并存的机制。与社会结合,引进"第三方"监督和独立性考评,结合校内的监管体系,以服务社会、服务行业、服务企业作为重要指标,将学习者实践能力、就业质量和创业创新能力作为专业建设的主要标准;对社会的需求度、满意度、认可度进行量化指标分解,以"6σ"的质量标准衡量人才培养质量,回溯专业建设的质量和努力的方向。建立奖惩与激励机制,提升教师参与专业建设的主动性、积极性，全面推进专业建设。

2.2 "知识—技能—能力"人才素质模型分析

"知识—技能—能力"人才素质模型来源于人力资源开发 KSA（Knowledge，Skill and Ability）理论，其中，"K"指知识，是由概念、定义、原则、方法、公式等构成的体系；"S"指技能，包括操作性的技能及人际和管理性的技能；"A"指能力，是人们完成某一活动所必需的主观条件。KSA 理论主要用于人力资源开发与培训。

2.2.1 "知识—技能—能力"人才素质模型的界定

现在，高校工程管理教育在专业设置、课程与教材体系、教学与考试评价等方面仍然存在脱节、重复、断层现象，与技能人才系统培养的要求有较大的差距。实现工程管理教育要促进专业与行业对接、课程内容与行业标准对接、教学内容与生产过程对接。

"知识—技能—能力"人才素质模型主要包含三大维度：系统的理论知识、熟练的操作技能（技能）、较强的创新创业能力，涵盖了技能人才所必须具备的各个方面。

1. 系统的理论知识

技能人才的成长和发展离不开相应的知识储备，只有在系统化的反复学习和实践中，才能促使技能人才从初级到高级不断提升发展和自我超越。在技能人才成长和发展的每一个阶段，从最初的对事实性和概念性的知识的理解到以系统性、广泛性的知识储备为支撑，知识的学习是个不断积累和转化的过程。理论知识储备情况主要用来衡量技能人才掌握专业相关知识的情况。

2. 熟练的操作技能

人才最显著的职业特征是能够在生产和服务领域操作岗位一线，熟练地运用专业知识和操作技能。这就意味着技能人才不仅要具备系统化的、深厚的理论基础知识和专业知识，还应具备最基本的动手操作和实践的能力，只有通过操作和实践，知识才能够被熟练地掌握和运用，技能才能得到提升。操作技能主要用来衡量技能人才综合运用理论知识，完成工作任务的能力。

3. 创新创业能力

通过对理论知识和技能的掌握和熟练运用，在较强的学习能力的促使下，技能人才会在相关的技术操作领域表现出创新创造能力，比如在技术方面的革新、对于突发事件的处理、对新工具新设备的设计及灵活运用等。创新能力属于心智技能的创造性活动，它不是对技能的简单重复操作，而是通过高超的判断和分析能力对复杂事物进行处理，并找到创新的解决办法的能力。创新创造能力关系到企业的产品生产和服务，技能人才都应具备或有潜力具备创造创新能力。创新创造能力用于衡量技能人才的应变及创造能力。

"知识—技能—能力"人才素质模型是能辨别技能人才在知识、技能、能力等方面的差异，并将发现的数据整合、量化，从而形成可以用以对照判断技能人才现有能力及相应层次的可操作的体系。

2.2.2 工程管理专业知识、技能、能力关系分析

工程管理人才培养要以行业需求为导向，学生需要利用在校较短的时间学到就业岗位的知识和技能，完成从新手到熟练工的转变。因此，必须提高效率，把"知识—技能—能力"等环节整合起来。以前，以理论知识系统化为主的学科课程以及理论指导实践、先理论课后实践课、实践课从属于理论课的观点和做法都行不通了。要探索知识、技能与能力的三重螺旋创新动力叠加与相互推动作用，如图2-1所示：

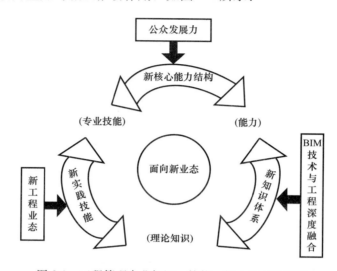

图 2-1　工程管理专业知识、技能、能力的三重螺旋

在 BIM 技术与工程深度融合的基础上，构建新的知识体系，使工程管理专业学生掌握更多的理论知识；在此基础上，在新工程业态下培养学生的新实践技能；在公众发展力的影响下，构建新核心能力结构，培养学生的综合能力。

工程管理专业"知识—技能—能力"（KSA）模型的宏观目标可以定义为："在信息化背景下，通过课堂教学，完善课程体系，培养工程管理人才知识素养，通过工程实践提升工程管理人才所必需的技能，最后培养学生的创新精神和实践能力，实现信息技术环境下的素质教育与创新教育。"

为了更好地把握和实现工程管理人才"课堂教学—工程实践—创新创业能力"目标，需要从以下几个具体的方面入手：

（1）通过信息时代的新型教与学方式使学生获取更多工程管理专业相关知识；

（2）通过工程实践等形式使学生获取更多工程管理专业相关技能；

（3）在掌握知识和技能基础上运用创造性思维理论培养学生的创新精神与创新能力。

BIM 实践技能和 BIM 能力是工程管理人才在 BIM 技术背景下必须掌握的一项技能和专业能力，具体来说，工程管理专业 BIM 人才应综合掌握与工程管理相关的技术、管理、经济、法律方面的理论和方法，具备在土木工程或其他工程领域进行设计管理、投资控制、进度控制、质量控制、合同管理、信息管理和组织协调的基本能力，具备发现、分析、研究、解决工程管理实际问题的综合专业能力。

第 3 章　工程管理专业 BIM 人才素质分析

基于 KSA 模型进行的知识框架的整合，将 BIM 知识融入原有工程管理知识体系中，本章通过从技能结构和能力分析两方面对工程管理专业 BIM 人才素质进行分析，从而通过理论学习达到相应技能和能力提升，也为接下来的基于融合框架的工程管理 BIM 课程建设提供导向。面向行业新背景，在原有的工程管理人才通用技能结构和核心能力中加入 BIM 技能结构和 BIM 能力形成工程管理专业 BIM 人才所需的技能和能力。

3.1　工程管理专业 BIM 人才培养要求及现状

3.1.1　工程管理专业 BIM 人才培养要求

工程管理专业是面向项目全生命期的管理，要求掌握现代化管理科学的理论、方法和手段，能在国内外工程建设领域从事项目全过程管理。在管理的过程中要求学生应用所学知识高效地完成项目，工程管理专业归根到底是一个实践型的专业，要求有很强的实践能力，包括业务能力和管理能力，在实体工程实践受限制的情况下，必须开发和构建工程管理专业虚拟实训和教学实践平台，从而提高学生的工程项目管理技能及熟练程度。

BIM 技术有助于工程管理人才的培养，在培养过程中，通过 BIM 系列软件，对整个建筑进行虚拟模拟，全方位展示建筑的虚拟画面，使学生有身临其境的感觉，加深对建筑的认识和施工管理的模拟；另外，BIM 课程有助于优秀工程管理专业人才的培养，工程管理人才需要借助 BIM 技术提高管理效率、水平和管理精度，所以工程管理专业开设 BIM 课程具有必要性。

美国发表的《2020 的工程师：新世纪工程的愿景》报告中，凝练了未来工程师应具备的关键能力，包括分析能力、实践经验、创造力、沟通能力、商务与管理能力、伦理道德和终身学习能力，对工程界提出了必须要在一个大系统中培养未来真正的卓越工程师。

因此，工程管理专业人才面对的是大工程，需要与不同教育背景、不同行业、不同地域、不同文化信仰的人员沟通和交往，故工程管理人才应该具备工程知识能力、工程管理能力、伦理道德能力、社会协调能力以及终身学习能力。

工程知识能力，意味着工程管理专业人才必须掌握土木工程领域的工程知识和社会、经济、管理、法律、环境各个方面知识的能力以及艺术、伦理、文化等人文知识能力。

工程管理能力，意味着工程管理专业人才具有工程项目管理能力，具有根据建设工程设计，合理地确定工程管理方案，具有在规划、设计、施工、管理及运营等过程中，具有对工程项目全局指挥和运用的能力。

伦理道德能力，在组织土木工程建造过程中，具有工程增值（工程建设增值和工程运行增值）和价值观念，基于工程增值理念，培养具有社会责任意识、环境保护意识以及社会文化价值理念，从而对工程建造进行分析判断，对各种方案进行正确取舍，满足社会价值的取向。

社会协调能力，随着现代工程项目规模和投资越来越大，必将对质量、成本和进度要求更高。尤其是现代工程项目，参加项目实施的单位越来越多，整个项目的协调沟通实施难度越来越大，要求工程管理人才必须具备人际、交往、协调、组织和管理的能力，具有跨文化、跨地域交际的能力，善于沟通协调与合作。

终身学习能力，以新能源、新材料、新技术与互联网的高度交互融合、创新与运用为标志的第三次工业革命方兴未艾，以"智能＋网络化"为核心的工业4.0呈崭新趋势席卷而来，这要求工程管理人才不断地学习新知识、新方法、新理念，始终具有创新创造能力，具有能快速获取世界信息，处理信息的能力。

因此，工程管理专业在工程建设行业领域扮演着重要的角色，对工程管理人才的能力素质要求有了更高的要求，除了工程技术的要求外，如想在未来的工程建设行业取得成就，必须培养学生具备上述五种能力，按大工程观的理念进行教学培养。

3.1.2 工程管理专业BIM人才培养现状

目前，计算机技术与通信技术的相互渗透和融合，使人类进入了一个全新的时代——ICT时代，对于建筑行业来说，也必须适应ICT时代的发展，因此，必须培养出适应ICT时代需求的工程管理人才。对我国来说，建筑业的规模比较大，大兴土木带来的是快速城镇化的巨大成就，但是传统的建造方式也带来了高污染、高能耗和低质量、低效率等问题。因此，建筑效率成为制约中国建筑行业发展的一个瓶颈，随着工业4.0概念的提出，全球的目光都聚焦在以信息技术为特征的新型工业化上。建筑信息化也随之成为建筑领域的巨大变革。"BIM＋"成为建筑领域的新宠。随着VR技术的快速发展，AR技术也在快速发展着，不仅是在虚拟环境中，叠加到现实环境中，BIM和AR的结合也有很多发展空间，有一些造型奇特的、以前很难化为现实的建筑，现在都可以借助相关技术手段实现。作为一门应用型学科，工程管理专业定位为培养应用型高级工程人才，实现"厚基础、宽口径、强能力、高素质"的本科人才培养，以"应用型人才＋创新能力＋实践能力"为人才培养目标，而它必须紧跟行业发展的脚步。

近年来，社会对工程管理专业人才的能力诉求，主要集中在丰富的工程技术知识、一定的岗位实践能力、良好的组织协调能力与创新意识等方面。工程管理专业的学生必须具备施工项目管理技能、工程造价管理技能以及招标投标与合同管理技能这三项核心技能。这就需要工程管理专业的毕业生除了掌握一定的工程建设知识基础外，还必须知晓一定的经济学、法律学以及管理学的有关知识，并且能在工程管理的实际工作中灵活运用，成为多角度全面发展的复合型高级管理人才。

随着建筑信息化在建筑行业的广泛和深入，建筑行业对所需人才的标准也发生了变化，为了培养出社会所需要的人才，增加学生的就业率，工程管理专业必须改变培养人才的方向，有必要进行课程改革，将BIM技术融入现有的课程中，培养满足行业需要的新型人才。

目前，大部分高校在建设工程管理专业的人才培养中还延续以往的专业教学标准，纵观这些培养规格要求，课程也必然是传统的课程，如施工技术、项目管理、工程招标投标、合同管理等。而在新《目录》中提出的要求学生"具备对新知识、新技能的学习能力和创新创业能力",在调研的高校中,均未在人才培养进程表中体现,至于建筑信息类相关的课程也很少见其踪影。与之形成鲜明对比的是,在实际工程项目中,建筑信息化技术开展得如火如荼,工程项目各专业之间的协同管理越来越受到企业的重视。因此,建设工程管理专业的改革迫在眉睫。

结合工程管理专业人才培养现状,主要存在以下几个问题:(1)需求导向不明确。创新性人才和复合型人才的重点培养方案最终落脚点是适应市场化需求,把握就业与行业的最新动态。技术的变革对未来建筑与工程专业类人才提出了更高的要求,作为向企业输送人才的高校,如何培养满足企业需求的人才就变得分外重要。对工程管理专业而言,如何将 BIM 融入现有的工程管理专业课程中,培养企业需要的工程管理类人才,是高校目前亟需解决的问题。(2)教学体系还不够完善。教学应结合实践,注重培养学生的思维和操作技能,为了适应新时期工程管理专业"宽口径、厚基础"的培养要求,适应培养目标和学生各项素质要求,工程管理教学体系在教学中应结合生产需要,实现"理论+实践"和"教学+生产"双重保障环节,使学生真正做到学以致用。构建理论教育与实践教学框架教学内容研究、教学方法设计、教学过程调整与教学绩效考核,进而全方位保障工程管理本科教育的教学体系。在理论教学环节中,坚持公共基础课与专业课并重的教学理念,进一步删除冗杂且与专业无关的专业课程,优化专业课的选取,遵循实用性、必要性、关联性原则,与培养目标和培养方案相协调。(3)人才培养体系不系统。多侧重于工程管理人才知识和技能等单个环节的研究,尚未研究系统性的"课堂教学—工程实践—创新创业能力"整合机制。

工程管理专业是一个交叉学科,综合了土木工程类知识和管理类知识,同时作为一个应用型学科,其实践性要求较强。工程管理专业传统的教学方法采用课堂讲授为主,辅以认知实习和专业实习(或者没有)。目前,工程管理专业学生在大二时开始学习专业基础课,如工程制图、房屋建筑学、土木工程材料、工程测量等;在大三开始接触专业课,如土木工程施工技术、工程经济学、工程造价、工程项目管理、工程合同法律制度、建设法规等。学生真正接触专业知识的时间不长,并且主要集中在课堂理论知识的学习上,对工程实际情况没有一个感性的认识;同时,工程管理专业所涉及的专业知识面非常广泛,在知识的讲解上,传统的教学方法将系统的知识面以不同课程的形式人为地分解开来,传授给学生;除此之外,专业课程内容中知识点的重复现象非常多,比如工程经济学和工程造价、工程监理和工程项目管理等,由于多个教师共同教学,知识点重复讲授的情况更加频繁。因此,整体来看,传统的工程管理专业课讲授系统性不强,学生对于专业知识没有一个整体而直观的印象,不容易形成系统、清晰的专业知识体系,更不用说实践动手能力的培养。

工程管理专业具有知识面广、实践性强、专业知识系统、有层次等特点,在专业知识的传授上应在理论与实践相结合的基础上,强调实践动手能力的培养。BIM 的产生,给工程管理专业课程改革提供了一个很好的平台。在真实案例实践教学的基础上,通过 BIM 相关技术,将工程管理专业基础课和专业课有机地结合起来,形成一个系统、有层次的知识体系,学生掌握系统专业知识的同时,也优化了教学工作流程,提高了整体工作效率。借助 BIM 技术平台,以一个完整工程的真实案例为核心,通过建筑制图、工程结构、工程材料、工程施工技术、工程造价、项目管理、建设法规等课程讲授案例中与本课程相关的知识点,以面到点、从实践到理论,通过案例将知识点串接起来。在 BIM 平台上,让学生系统、全面、可视化地了解工程设计、工程造价管理、工程招标投标、施工管理、合同管理、运营管理等一系列内容。

在"互联网+"形势下，各行各业都在创新，工程建设行业也不例外，这使得高校必须从本源上对工程管理人才培养进行创新，为培养更多符合社会需求的创新人才服务。因此，高校必须改变传统模式，探索大数据时代下人才培养模式的转变需求、社会对工程管理专业人才的能力需求以及工程管理专业创新人才培养的转型途径，才能为培养出适应网络环境和大数据时代的创新人才提供参考和借鉴。

3.2　工程管理专业 BIM 人才技能结构分析

根据建设部高等工程管理学科专业指导委员会发布的《工程管理专业（四年制本科）培养方案》，工程管理专业毕业的学生应当懂技术、懂管理、懂工程；既是工程师，也是经济师；能上一线，能管人、财、物，能制定发展战略。土建方向工程管理人才就业领域涉及建筑业房地产业，执业资格涉及注册监理工程师、咨询工程师、造价工程师、建造师等 10 余种国家执业资格。因此，高度复合型工程管理人才是行业的需求，而具有创新创业能力的复合型工程管理人才是适应社会可持续发展，在新经济背景下需要着力培养的人才。本书构建的"课堂教学—工程实践—创新创业能力"整合机制，拟在保持原有工程管理人才培养优势和特色基础上，注重建筑工业化人才培养，在课程设计方面，以现有工程管理专业课程为基础，强化跨专业知识融合（自动化、机械、信息技术等），人才培养思路中注入工业化思维，实现培养目标的多元化，在一般的项目经理、工程师、技术管理者基础上拓展，加入建筑工业化人才如生产线、精益建造与系统管理人才（图 3-1）。

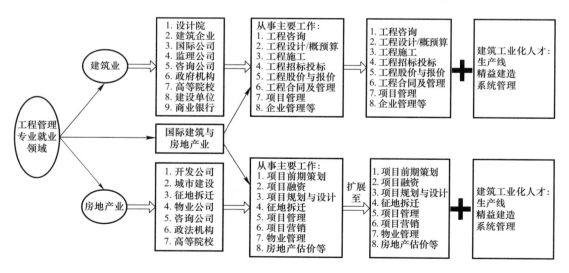

图 3-1　工程管理专业毕业生社会需求方向

3.2.1　工程管理人才通用技能结构

工程管理人才通用技能结构是指依据工程管理专业培养目标的要求和毕业生社会需

求，通过学校知识教育和工程实践平台，使学生具有专业知识、技术及运用的能力，是运用专业基础知识发现问题和解决问题的能力、逻辑分析和综合能力、动手操作能力和创新能力的综合表现。根据建设部高等学校工程管理专业指导委员会制定的"适应社会主义现代化建设需要，德、智、体、美全面发展，具备土木工程技术及与工程管理相关的管理、经济和法律等基本知识，获得工程师基本训练，具有一定的实践能力、创新能力的高级工程管理人才"的专业培养目标，以及由社会各类建设相关单位所发放的"用人单位对工程管理专业人才知识、能力与素质"调查问卷得出工程管理专业学生通过四年本科学习毕业后应具备的主要基本能力和执业技能。可从技术、经济、管理和法律四个方面来解释，具体分类见表3-1。

工程管理人才通用技能分析表　　　　表3-1

课程、工程实践平台	技能	技术			经济			管理			法律		
		建筑制图	工程测量	工程施工等	工程计价	数据统计	成本预算	建筑材料应用	施工组织	施工管理	合同纠纷	索赔	工程变更
课程	工程识图与制图												
	房屋建筑构造												
	建筑力学与构造												
	建筑施工技术												
	建筑施工测量												
	建筑材料												
	建筑施工管理												
	工程计量与计价												
	工程造价												
工程实践平台	实习实践基地												
	创新创业实践教学平台												
	专业基础实验教学平台												
	学科基础实验教学平台												
	BIM实践教学平台												
	自主实验设计												
	经管类模拟竞赛												

由表3-1所示，从技术、经济、管理和法律四个角度展开，阐述各个角度的工程管理人才所需技能，其中，技术包括建筑制图、工程测量、工程施工等，经济部分包括工程计价、数据统计、成本预算等，管理部分包括建筑材料应用、施工组织、施工管理等，法律方面包括合同纠纷、索赔、工程变更等内容中囊括的法律知识技能。从工程识图与制图、房屋建筑构造、建筑力学与构造、建筑施工技术、建筑施工测量等课堂教学课程入手，配合以实习实践基地、实践教学平台、专业基础实验教学平台等工程实践平台，以知识为基础，培养工程管理人才实践技能。

3.2.2 工程管理人才 BIM 技能结构

目前，BIM 已经成为 AEC（Architecture, Engineering and Construction）从业人员（建筑师、工程师、承包商、制造商和其他专业人）的关键技能，行业需求决定了 BIM 人才培养技能结构。简单来说，BIM 包含的协同建模是建筑师设计意图沟通交流的有效工具，使用 BIM 冲突检测工具，建筑师可以在施工前减少失误和差错，会有更高的设计性能和工作满意度。BIM 在准确性和可靠性方面提高了预制构件的设计能力和工程质量，使构件预制和现场安装无缝对接。基于 BIM 的结构设计工具可以帮助工程师在工程全寿命周期内优化结构设计；BIM 的协同设计使设计和施工处于同一个界面，使承包商更易于预测和减少错误并且增加利润；BIM 可以将模型设计、强度计算、造价分析和车间生产等进行整合，制造商即可从 BIM 模型数据中获取大型结构件和 MEP 组件预制与成本、安全、质量和及时性等相关信息。由于 BIM 要迅速适应 AEC 行业，对不同类型的建筑，将需要更多的专业软件和工具，软件的业务集成能力必不可少。因此，面向行业需求的 BIM 人才培养应具备的能力结构如图 3-2 所示。

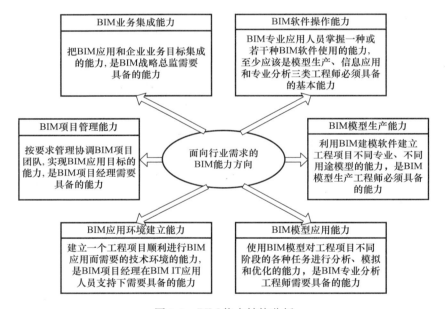

图 3-2　BIM 能力结构分析

从图 3-2 可知，利用 BIM 可以持续即时地提供项目设计范围、进度以及成本信息，这些信息完整可靠并且完全协调，即 BIM 能够在综合数字环境中保持信息不断更新并可提供访问，使建筑师、造价师、工程师、施工人员以及业主及时全面地管控项目。掌握工程管理 BIM 技能可以完善整个建筑行业从上游到下游的各个企业间的沟通和交流环节，有能力实现项目全生命周期的信息化管理。随着建筑物设计、招标投标、施工、运营的不断发展推进，掌握 BIM 技能将在建筑全生命周期管理中发挥价值。

3.2.3 基于 BIM 的工程管理人才实践技能集

当前我国工程管理专业就业领域涉及注册监理工程师、咨询工程师、造价工程师、建造师等10余种国家执业资格,对于工程管理人才的技能需求也涉及建设工程全寿命周期。由麻省理工学院和瑞典皇家工学院等四所大学经过探索研究提出的CDIO工程教育理念指出,工程领域的人才需要的个人职业技能包含四个层面:一是工程推理和解决问题,二是在实验中探寻知识,三是系统思维,四是个人技能。具体到土建工程方向,工程管理即测量、制图、规划、结构设计与认知、成本核算、招标投标管理、合同管理、施工技术、资料搜集与整理、整体性思维、创造性思维、个人的时间管理。在BIM技术与工程的深度融合背景下,现代工程管理专业由技术、管理、经济、法律、信息、工业工程等多学科交叉,实践性强,技能范围广,基于BIM的工程管理专业人才应综合掌握与工程管理相关的技术、管理、经济、法律方面的理论和方法,具备在土木工程或者其他工程领域的全寿命周期内基于BIM技术进行投资控制、设计管理、采购管理、进度控制、质量控制、构配件安装管理、合同管理、信息管理、运营管理和组织协调的综合专业能力,具体而言要在原有传统工程所需实践技能的基础上,掌握BIM技术,具有BIM软件建模、协作、项目管理、运维管理和业务集成能力,具体的实践技能集大体见图3-3。

Skill:实践技能集	I.既有实践技能				
	• 项目策划 • 市场需求分析 • 项目投资分析 • 项目计划	• 方案经济评价 • 项目市场评价 • 项目投资分析 • 项目整体计划	• 项目招标投标 • 项目融资 • 估价和工程量清单编制 • 项目合同策划和分析 • 项目风险评估	• 项目的质量管理 • 项目的安全管理 • 项目的进度管理 • 项目合同管理 • 项目成本控制	• 后评价 • 工程审计 • 项目运营 • 设施管理
	II.新增知识模块				
	• 精益建造思想 • 供应链思维 • 大数据分析 • 模块化建筑决策支持	• BIM技术的协作 • 基于BIM的建筑/结构模型设计 • 模块化建筑设计管理 • VR	• 结构经济评价能力(BIM)-AEC设计 • 基于BIM的采购管理 • 资产信息管理 • 物流	• 基于BIM的项目质量、安全、进度、合同和成本管理(碰撞检测、施工模拟) • 安装管理 • 检测	• 基于BIM的运营管理 • 更新管理 • 资产信息管理
	策划阶段	设计阶段	采购阶段	构件生产+施工阶段	运维阶段

图 3-3 基于BIM的工程管理人才实践技能集

3.3 工程管理专业BIM人才能力分析

通过理论学习、实践技能培养从而转化为内在能力的提升。对于工程管理人才的能力分析,基于原有的工程管理人才核心能力融入面对行业新背景的BIM能力形成符合行业需求的工程管理专业人才所需能力。

3.3.1 工程管理专业人才核心能力分析

在新工科背景下,工程管理专业要融入以信息化为主的时代特征,培养"理论+技术+能力"的复合型工程管理人才,实现革新课堂教学并融入工程实践的并行性教育,以课堂教学指导工程实践,以工程实践反馈课堂教学,协同促进新型工程管理专业人才的形成,为新经济发展助力。

通过回顾ABET（美国工程技术评审委员会）在2015～2016年度制定的认证工程计划有效性的标准[10]，该计划认为工科毕业生要达到教育目标，必须具备的能力有以下11种外加专业要求的其他能力：

(1) 应用数学、科学和工程知识的能力；
(2) 设计和进行实验，以及分析和解释数据的能力；
(3) 在诸如经济、环境、社会、政治、伦理、健康和安全、可制造性和可持续性等现实约束条件下，设计系统、组件或过程以满足所需求的能力；
(4) 在多学科团队中发挥作用的能力；
(5) 识别、制定和解决工程问题的能力；
(6) 了解职业道德责任；
(7) 有效沟通的能力；
(8) 了解工程解决方案在全球、经济、环境和社会背景下的影响所需的广泛教育；
(9) 认识到终身学习的必要性以及将之实践的能力；
(10) 对当代问题的了解；
(11) 使用工程实践所需的技术、技能和现代工程工具的能力；
……

在ABET计划评估者能力模型中，项目评估人员提出需对参与者的技术能力、有效沟通能力、人际熟练程度、团队合作能力和组织性5个方面进行能力评估。

徐照等[11]依托东南大学工程管理专业提出了既具有东南大学特色，又具有专业普遍特性的"一体两翼"型专业核心能力结构，即以现代土木工程项目为对象，以工程技术和信息技术为基础，将"工程项目管理能力"作为主体，辅"工程造价管理能力"和"工程合同管理能力"为两翼支撑。这三大核心能力又进一步形成以基本管理能力为基础，以组织策划和科研创新能力为拓展的递进式、复合型综合能力。

通过以上对工程管理专业人才能力分析，本书从个人效能、知识能力、学术能力、技术能力、社会能力和创新创业能力6方面构建工程管理专业人才核心能力结构，如图3-4所示。

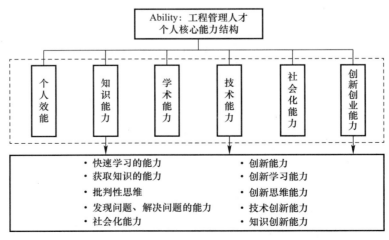

图3-4 工程管理专业人才核心能力结构

在 ABET 认证工程计划有效性标准中，认为毕业生需要认识到终身学习的必要性，要有应用各种知识的能力，这些都需要从个人主动的学习中获取，也就是个人效能；通过个人效能对专业知识的汲取，工程管理人才要拥有专业知识的运用能力，需要掌握土木技术、管理、经济、法律、信息五大知识领域的专业知识，除此之外，随着行业的发展也要了解相关领域的外延知识，这种获取知识的能力称之为知识能力；学术能力是对所学知识的思维整合能力，通过专业知识学习能达到对所学知识的综合运用，整合各方面知识从而解决专业领域问题的能力；技术能力是在面对实际工程时，能将理论知识转化为实践运用，从而解决实际工程中遇到问题的能力；面对行业需求的工程管理人才在参与实际工程时，通常是以团队的形式组织工作，与各种项目参与方也多有交涉，社会化能力必不可少，包括能进行有效沟通、人际关系技巧熟练、具有团队合作能力和组织性等；创新创业能力是工程管理人才综合能力的体现。

个人效能、知识能力、学术能力、技术能力、社会化能力、创新创业能力作为工程管理人才的核心基础能力，随着行业的发展要不断进行更新。如今在新经济时代下，要立足于数字经济下新业态的需求，面向行业的工程管理人才要在核心基础能力中纳入并融合 BIM 能力，在概念、知识技术和运用阶段熟练掌握 BIM。创新创业能力作为进阶的综合能力，代表着核心基础能力的提升，从而达到更高层次的综合发展能力，体现了工程管理人才的综合素质。

3.3.2 工程管理专业 BIM 人才能力结构

随着新经济时代的到来，建筑行业也要跟上步伐，迈入数字化发展阶段。随着 BIM 技术在项目管理中应用的增多、装配式建筑的增多以及一些智慧工程项目的增多，BIM 技术正在颠覆着传统的工程建设实践，因此面对这样的行业发展趋势，工程管理人才也要具备数字化工程建设能力和管理能力，也就要培养其针对工程领域的 BIM 能力。工程管理人才 BIM 能力结构要求更加综合，既包括 BIM 核心工具技术和工程技术实践的要求，又容纳工程项目方面的素质和体验，还涵盖工程经济与管理方面的实践操作能力的培养。

美国国家 BIM 标准（NBIMS Part 1 Version 1）把与 BIM 有关的人员分成如下三类：

（1）BIM 用户：包括建筑信息创建人和使用人，他们决定支持业务所需要的信息，然后使用这些信息完成自己的业务功能，所有项目参与方都属于 BIM 用户；

（2）BIM 标准提供者：为建筑信息和建筑信息数据处理建立和维护标准；

（3）BIM 工具制造商：开发和实施软件及集成系统，提供技术和数据处理服务。

在这种分类的基础上做一个简单的名词对应：

BIM 标准人才：研究 BIM 标准的人才；

BIM 工具人才：工具开发与研制的 BIM 人才；

BIM 应用人才：应用 BIM 支持本人专业分工的人才。

BIM 人才分类如图 3-5 所示，其中的"BIM 专业应用人才"，简单描述就是应用 BIM 技术支持和完成工程项目生命周期过程中各种专业任务的专业人员，包括业主和开发商里面的设计、施工、成本、采购、营销管理人员，设计机构里面的建筑、结构、给水排水、暖通空调、电气、消防、技术经济等设计人员，施工企业与咨询企业里面的项目管理、施工计划、施工技术、工程造价人员，物业运维机构里面的运营、维护人员，以及各类相关组织里面的专业 BIM 应用人员等。有一个事实应该清楚：即在整个 BIM 人才结构中，BIM 专业应用人才数量最大、覆盖面最广、最终实现 BIM 业务价值的贡献也最大，也是各高校 BIM 人才培养的重点。

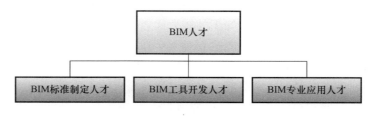

图 3-5　BIM 人才分类

BIM 专业应用人才的能力由工程能力和 BIM 能力两部分构成，如图 3-6 所示。

图 3-6　BIM 应用能力构成

工程能力可以按照工程项目生命周期的主要阶段分成设计、施工和运维三种类型，每一个阶段需要完成的工作又可以分成不同的专业或分工，例如，设计阶段的建筑、结构、设备、电气等专业，施工阶段的土建施工、机电安装、施工计划、造价控制等，运维阶段的空间管理、资产管理、设备维护等。

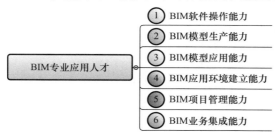

图 3-7　BIM 能力等级

BIM 能力从低到高等级说明如图 3-7 所示。

英国 BIM 学术论坛（BAF）细分并确定了高校教育阶段（本科阶段到研究生阶段）对 BIM 的潜在学习能力要求[12]（表 3-2）。

高校教育阶段 BIM 能力要求　　　　　　　　表 3-2

本科阶段	BIM 作为流程/技术/人员/政策 ↓ • 价值、生命周期和可持续性 • "软件即服务"项目平台 • 合作工作 • 跨学科团队的沟通 流程/管理： ↓ • 如何使用 BIM 交付项目 • 信息和数据流 • BIM 协议/EIR

研究生阶段	• 项目级应用 • 跨学科和团队合作 • 基于人际交往的有效沟通和决策的重要性 • 过程映射和 BPR • 改变管理和文化差距 • 硕士水平思考-战略/技术/管理 • 评估各级 BIM 的障碍的能力，例如企业/项目

Bilal Succar 和 Willy Sher[13]将个人 BIM 能力定义为个人执行 BIM 活动或提供 BIM 相关结果所需的个人特征、专业知识和技术能力。使用 BIM 能力分类法[14]将识别的符合定义的 BIM 能力分为三个层次（表 3-3），包括核心层能力、行业层能力和执行层能力。

BIM 能力层次划分 表 3-3

能力层（Complementary Tiers）	能力集（Competency Sets）
核心层能力 Core Tier	基本特征 Foundational Traits 情境助推器 Situational Enablers 资格和执照 Qualifications and Licences 历史推动力 Historical Enablers
行业层能力 Domain Tier	主要集（管理 Managerial、功能 Functional、技术 Technical、支持 Supportive） 次要集（行政 Administration、运营 Operation、实施 Implementation、研发 Research & Development）
执行层能力 Executive Tier	使用特定工具和技术，例如 3D 模型创作工具 3D Model Authoring Tool

英国 BIM 工作组汇集了工业、政府、公共部门、机构和学术界的专业知识，为支持和帮助实现"政府建设战略"的目标，以及加强公共部门实施 BIM 能力的要求，提出了初始 BIM 学习成果框架（Lnitial BIM Learning Outcomes Framework）[12]。该框架描述了 BIM 学习计划的潜在成果，从策略、管理和操作层面描述了 BIM 在整个行业的覆盖面，认为工程管理人才的 BIM 能力从这三个方面输出（图 3-8）。在表 3-4 中提取部分初始 BIM 学习成果框架内容以便说明和理解。

策略 Strategic	BIM Awareness/Overview BIM 意识/总观
	Value Proposition 价值定位
	Industry Challenges 行业挑战
	BPR 业务流程重组
	Economic/Environmental Drivers 经济/环境驱动力
	Benefits Analysis 效益分析
管理 Management	BIM Awareness/Overview BIM 意识/总观
	Value Proposition 价值定位
	Industry Challenges 行业挑战
	BIM Execution Plan BIM 执行计划
	Business Systems Analysis 业务系统分析
	BIM Standards, Methods & Procedures BIM 标准、方法与程序
	Collaboration 合作能力
操作 Operations	BIM Awareness BIM 意识
	Interoperability 互操作能力
	Managing Compliance 管理合规性
	BIM/Collaboration Tools BIM/合作工具
	Software Evaluation/Selection 软件评估及选择能力

图 3-8 工程管理人才 BIM 能力输出

初始 BIM 学习成果框架　　　　　表 3-4

策略	回顾	了解什么是 BIM	了解 BIM 的原则及其在跨学科设计、施工、建筑和基础设施开发的整个生命周期应用
		了解 BIM 价值主张（各相关方，如客户和承包商）	了解 BIM 的价值主张，即给使用者提供更加高效的方式； 确定和评估利益相关者、用户、社区和可持续发展项目的要求； 准备项目简报和开发计划； 评估和管理项目风险和机会； 准备并提出项目设计建议； 估价、计划、预测和控制拟议的要开发的能源、全寿命事项和资本成本
管理	回顾	了解什么是 BIM	了解 BIM 的原则及其在跨学科设计、施工、建筑和基础设施开发的整个生命周期应用
	获取内部资源	了解开发业务案例、投资和回报模式	评估合作伙伴关系和战略采购的利益和风险； 确定和提供研究资源、开发新产品和提供满足市场需求的服务； 确定维持和增加收入的机会； 建立、实施和完善业务计划； 为项目分配组织预算； 管理物理资源； 管理业务流程并提高绩效
		了解 BIM 的组织、项目应用以及优势	确定和评估利益相关者、用户、社区和可持续发展项目的要求； 确认项目能效和碳减排要求及策略； 建立可持续项目采购和管理安排； 准备项目简报和开发计划； 介绍一个项目团队
操作	回顾	了解什么是 BIM	了解 BIM 的原则及其在跨学科设计、施工、建筑和基础设施开发的整个生命周期应用
	要点 1	确定项目要求	了解如何收集、维护和使用 BIM 数据以确定和评估利益相关者、用户、社区和可持续发展项目的要求
	要点 2	评估影响潜在发展的情境数据	了解如何收集、维护和使用 BIM 数据，以调查和评估影响潜在项目发展的环境因素； 识别、评估和考虑资源等因素，调查和评估影响潜在发展的监管和法律因素
	要点 3	开发设计方案	了解如何收集、维护和使用 BIM 数据，以便能够： 评估和开发可持续项目设计选项； 准备和建议项目设计推荐； 评估、计划、预测和控制拟议的开发能源、全寿命事项和资本成本； 规划并同意详细的项目设计； 分析和模拟环境可持续项目设计方案； 分析、建议和支持历史遗产资产的可持续解决方案； 对设计中的健康和安全进行管理； 调查、开发和整合详细的设计方案； 准备申请和上诉以确保法定许可

通过以上分析，英国 BIM 工作组提出的初始 BIM 学习成果框架更全面，较好地包含前两者的内容，因此在本书中引入初始 BIM 学习成果框架来界定工程管理专业 BIM 人才所需的能力，形成战略、管理和操作三个层面的工程管理专业 BIM 人才能力结构。

第4章 工程管理专业 BIM 课程融合框架

工程管理专业的培养目标是培养适应行业需求,具备多方面知识的复合型人才。通过构建面向行业需求的工程管理 BIM 知识树,将 BIM 技术及主题融合进工程管理知识体系中,与原有的工程管理专业五大知识体系结合,构建五大知识体系与 BIM 的交叉知识单元和知识点。在 BIM 技术与工程深度融合的基础上,使工程管理专业学生掌握更多的理论知识,培养学生的综合能力和基本技能,完成"知识—技能—能力"和工程管理 BIM 课程的深度融合。

4.1 工程管理专业 BIM 课程融合分析

4.1.1 BIM 与《高等学校工程管理本科指导性专业规范》

随着 BIM 技术与建筑行业的深度融合,BIM 技术被越来越多地用于工程领域,BIM 协同建模、BIM 冲突检测、BIM 项目管理等技术可以帮助建筑师在施工前减少失误和差错,有更高的设计性能和工作满意度;BIM 可以完善整个建筑行业从上游到下游的各个企业间的沟通和交流环节,有能力实现项目全生命周期的信息化管理。随着建筑设计、招标投标、施工、运营的不断发展推进,BIM 将在建筑的全生命周期管理中不断体现其价值。

最新版的《高等学校工程管理本科指导性专业规范》(以下简称《规范》)按知识领域、知识单元和知识点 3 个层次构建工程管理专业知识体系,强调工程管理专业学生培养的知识体系是由知识而不是课程构成。《规范》中 BIM 更多体现为计算机及信息技术专业应用,但是绝对不能等同于一门软件课程。从《规范》角度,工程管理人才培养 BIM 能力的实现,涉及技术、管理和合同等多方面知识,其培养层次如图 4-1 所示。

工程管理专业 BIM 人才应综合掌握与工程管理相关的技术、管理、经济、法律方面的理论和方法,具备在土木工程或其他工程领域进行设计管理、投资控制、进度控制、质量控制、合同管理、信息管理和组织协调的基本能力,具备发现、分析、研究、解决工程管理实际问题的综合专业能力,基于 BIM 的工程管理专业知识体系示意如图 4-2 所示。因此,BIM 不可能通过一门课程解决所有 BIM 所需的技术和管理能力,合理的途径应该是 BIM 与《规范》所要求的 5 个知识领域进行交叉,依托工程管理人才培养的 5 大知识领域,形成相应的 BIM 交叉知识单元和知识点,学习模式可采用分散学习、交互学习、独立学习等方式,进行工程管理 BIM 教育的能力结构培养。工程管理 BIM 教育知识单元和知识点较宽泛,

图 4-1 工程管理 BIM 教育培养层次

能力结构要求更加综合,既包括 BIM 核心工具技术和工程技术实践的要求,又容纳了工程项目方面的素质和体验,还涵盖了工程经济与管理方面的实践操作能力的培养。BIM 与《规范》的融合应该立足 BIM 的基本原理与技术应用基础,从 BIM 全寿命周期角度,结合工程管理的利益相关者实践应用,突出 BIM 的数据集成平台核心地位,进行课程体系的构建、相关知识单元和知识点的融合。具体如图 4-3 所示。

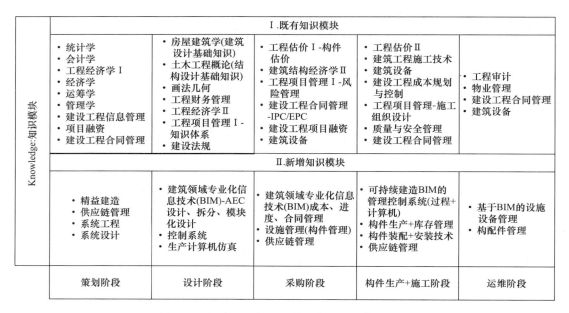

图 4-2　基于 BIM 的工程管理专业知识体系示意

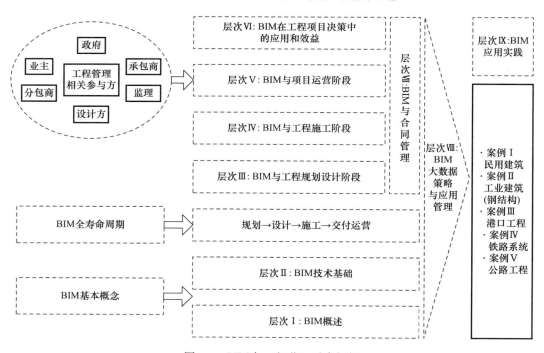

图 4-3　BIM 与《规范》融合框架

4.1.2 工程管理专业 BIM 知识点分析

寻求 BIM 课程整合的最佳方法，将 BIM 更系统地融入工程管理专业课程。这一方法涉及如下问题：学生应在何种程度上学习使用 BIM 才能反映建筑业目前的 BIM 应用情况？毕业生应该掌握何种水平的 BIM 技能和知识才能满足行业需求？以芬兰为例，BIM 创新世界领先水平，但是建筑师和工程师仍习惯于传统制图，这被公认为是信息技术应用的一大障碍。因此，对于工程管理专业来说，除非在工程管理本科阶段学习 BIM，不然，其毕业后将缺乏行业交流与展示所需的技术能力。BIM 教育在美国的大学教学中仍处于早期采用阶段。尽管一些教学计划要求学生课堂学习 BIM，但是综合相关 BIM 课程教学计划，系统地制定 BIM 综合课程是非常必要的。根据 Lee 和 Ahn 的分析，选取 Stanford、Pennsylvania State University、University of Southern California、Technion 等 6 所高校的 BIM 课程作为标杆，从课程名称和学习要求来看，BIM 课程均是由初级向高级进阶。其中，Technion 的 BIM 课程单元以 BIM Concepts 课堂讲授最多，而 Engineering Graphics 和 BIM Training（一阶段）课程次之，可见，BIM 基本技术约占 80% 课堂教学时间，而课后指导和课程作业则以 Engineering Graphics 和 BIM Training（二阶段）为学习重点，占了 8 成学习时间。

将工程管理 BIM 课程的学习目标和学习要求及类型整合见表 4-1。工程管理 BIM 教学目标主要包括总体了解建筑行业 BIM 知识和技能的发展概况、理解建筑行业 BIM 综合应用情况、掌握建筑工程领域 BIM 的应用技能、熟练 BIM 软件操作和了解 BIM 未来发展方向和应用，在对 BIM 细化的学习要求中认知层面学习的内容高达 8 成以上。高度重视 BIM 初中级技能和管理工具的学习，是目前国外高校工程管理专业 BIM 教育的共识。这对我国工程管理专业在基础技能层面或者认知层面加强 BIM 教育，合理规划 BIM 进阶教育目标和学习内容及课时安排具有相当的借鉴价值。而对于国内工程管理 BIM 课程如何进阶，需要综合我国工程管理知识体系与工程管理 BIM 能力结构及要求，通过《规范》所要求掌握的专业知识单元、知识点与 BIM 能力要求之间的关系分析，这样有利于工程管理 BIM 课程教学、建设与发展。

工程管理 BIM 课程的学习目标、要求和类型 表 4-1

学习目标	学习要求	学习类型		ASCE-CEBOK	采用
		Borg 量表	Bloom 量表	要求层次	要求层次
了解 BIM 知识和技能概况，以及行业 BIM 的趋势	识别 BIM 的定义和概念	Cognitive	1	Knowledge	Know
	识别目前建筑中 BIM 的趋势	Cognitive	2	Comprehension	Understand
	定义 BIM 在建筑中的重要性	Cognitive	2	Comprehension	Understand
	描述基于 AutoCAD 认知建模、三维计算机图形、Revit、Navisworks、Bentley、工程造价等软件发展趋势	Cognitive	2	Comprehension	Understand

续表

学习目标	学习要求	学习类型		ASCE-CEBOK	采用
		Borg 量表	Bloom 量表	要求层次	要求层次
理解 BIM 的概念在建筑工程中的应用	BIM 相关术语	Cognitive	2	Comprehension	Understand
	认识 BIM 在建筑行业中的实践	Cognitive	2	Comprehension	Understand
	识别 BIM 中的各参与方以及各自的责任	Cognitive	2	Comprehension	Understand
	领会在一个建设项目中如何应用集成项目交付系统和精益功能	Cognitive	2	Comprehension	Understand
在建设过程中理解和运用 BIM	了解 BIM 在建筑管理中的重要性	Cognitive	2	Comprehension	Understand
	掌握建筑工程 BIM 成本分析	Cognitive	4	Analysis	Analyze
	对比 BIM 与传统的建筑过程	Cognitive	4	Analysis	Analyze
	基于 BIM 的可视化和虚拟构造性的 Estimating-Q 标记；MEP 协调和冲突检测；BIM 现场软硬件管理，/Vela/iPad/云/Bluebeam；等等	Cognitive	3	Application	Apply
熟悉 BIM 软件	体会协同环境的重要性	Cognitive	2	Comprehension	Understand
	分析 BIM 合同和计划实施	Affective	4	Analysis	Analyze
	可执行协同工作	Cognitive	3	Application	Apply
	在简单项目中进行熟练运用	Affective	3	Application	Apply
	熟悉基本的计算机绘图技巧 AutoCAD、Revit、Google Sketch 等	Psychomotor	2	Comprehension	Understand
	能够由多个对象模型来创建一个单一的 Navisworks 模型	Psychomotor	5	Synthesis	Synthesize
	将进度软件和评估软件连接到 BIM 模型，例如 Autodesk QTO	Psychomotor	5	Synthesis	Synthesize
	理解和分析不同的 BIM 软件，例如 Revit、Navisworks、Autodesk QTO、Bentley 和 Solibri	Cognitive	4	Analysis	Analyze
BIM 未来发展方向与应用	建设行业 BIM 发展趋势	Cognitive	6	Evaluation	Evaluate
	了解 BIM、IPD 和精益建设	Cognitive	6	Evaluation	Evaluate
	了解设备管理和可持续发展中使用 BIM，例如，能源建模和价值工程	Cognitive	6	Evaluation	Evaluate
	其他使用 BIM 的行业	Affective	3	Application	Apply

BIM 的基本知识和技能包括基本的计算机应用、AutoCAD、Google Sketchup、Revit 等，而建筑业各类项目的 BIM 关键应用内容包括可视化、制造/装配识图与制图、代码审查、能源模拟、设计验证、选项分析（价值工程）、取证分析、设备管理、成本估算、施工顺序，以及冲突、接口、碰撞检测。工程管理与 BIM 关联的知识单元比较多，比如建筑材料、建筑施工合同及管理、建筑结构及工程力学、工程实践指南、建筑工程施工及管理、工程造价与管理和建筑安全等。因此，对于工程管理专业来说，基于 BIM 定义及其

能力结构，BIM 与工程管理专业可能的课程结合见表 4-2。

BIM 技术和主题与工程管理课程方向 表 4-2

BIM 技术	BIM 主题	可能的课程方向	
3D 技术	建筑文件设计验证；MEP 结构分析；三维模拟；建筑结构；建筑规范和材料；MEP 协调；碰撞检测；质量控制	建筑施工模拟；建筑仿真系统和造价管理；基于 BIM 的建筑机械和电气系统	BIM 概论，施工合同，项目管理，设备管理，集成设计/软件构建；工程 BIM 设计
4D 技术	施工技术和方法；施工工序，物资调度；现场物流规划；安全隐患分析	施工方法；建设规划和调度；施工安全	
5D 技术	工料估算；基于模型的估算	建设投资估算	

4.1.3 工程管理专业 BIM 知识树

基于传统的工程管理五大知识体系的知识单元和知识点逻辑关系，工程管理 BIM 教育应先从理念引导、基本技能培养、专业实践素质培养、核心能力形成社会实践应用等五个阶段，实现简单建模到高级技能的初中级应用，毕业后能够快速适应行业工程管理 BIM 需求，并在企业中经过项目实践应用后逐步发展到能够进行业务集成的高级 BIM 管理人员。因此，面向行业应用需求的工程管理 BIM 工具和技术应该从基础向高级逐步推进。

BIM 应作为学生工程设计核心能力的组成部分穿插在课堂大作业、生产实习和毕业实习中，并通过毕业设计进行强化学习使用。对于偏重经济管理的工程管理专业来说，BIM 理念和功能、基本技能的培养是必需的，而工程经济分析和现场施工管理的应用则是其核心学习能力，对于工程设计能力深入学习则可通过兴趣小组和学生竞赛等活动进行第二课堂的培养。根据《规范》的知识单元，本书提供了一种专业设置偏向 BIM 与专业核心课程的融合思路，在此列举部分《规范》所要求的知识单元（表 4-3）。以 BIM 在建设工程全寿命周期的应用为切入点，基于 BIM 定义及能力结构，研究确定 BIM 技术背景工程管理专业可能的课程融合，并构建贯穿于本科四年的工程管理 BIM 课程体系。

《规范》背景下 BIM 与部分专业知识单元的融合分析 表 4-3

序号	知识单元	专业设置偏向施工技术	专业设置偏向工程管理	专业设置偏向工程造价
1	工程识图与制图	★	★	
2	建筑材料应用	★		★
3	建筑构造认知	★	★	★
4	建筑力学与结构	★	★	
5	建筑施工测量	★	★	
6	制图软件应用	★		
7	施工技术应用	★	★	★
8	建筑工程计量与计价（工程造价技术与方法）	★	★	★
9	施工管理	★	★	
10	施工组织设计	★	★	

续表

序号	知识单元	专业设置偏向施工技术	专业设置偏向工程管理	专业设置偏向工程造价
11	建筑工程质量验收与资料整理		★	
12	工程招标投标与合同管理		★	
13	工程造价原理			★
14	经济理论与管理方法			★

注：★代表 BIM 与部分专业知识单元的融合重点部分。

工程管理本科 BIM 人才培养思想可以进一步用工程管理 BIM 教育知识树进行形象描述，如图 4-4 所示。在工程管理 BIM 教育知识树中，面向行业需求的 BIM 技术及主题，包括 3D、4D、5D 以及可能出现的 ND 技术及主题，作为知识树的营养血液融合进了工程管理知识体系，结出累累硕果，诸如工程造价 3D 课程、建筑施工 BIM 以及 BIM 管理技术等。工程管理知识体系由土木工程或其他工程领域技术基础、管理学理论和方法、经济学理论和方法、法学理论和方法以及计算机及信息技术组成，BIM 与这些知识体系的课程基础进行融合，构成相关的交叉知识单元和知识点，可形成单一的课程方向，或者交叉的课程方向，或者内生在已有课程中进行讲授。随着行业需求对 BIM 技能及主题的变化，课程方向及内容进行动态更新。一般地，目前的 BIM 技术及主题融入工程管理知识体系，在 5 年内，可以满足行业的 BIM 需求，使得课程建设和发展能够保持一定的稳态。

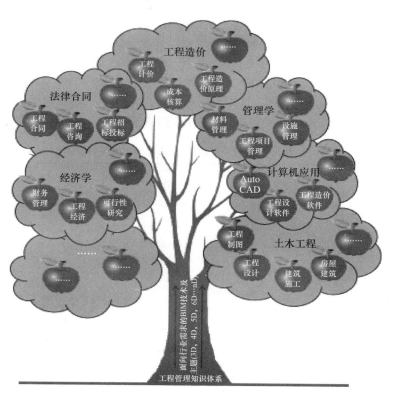

图 4-4 工程管理 BIM 教育知识树

综合工程管理 BIM 教育培养层次和工程管理 BIM 教育知识树，构建五大知识体系与 BIM 的交叉知识单元和知识点，进行工程管理专业 BIM 能力的培养，与其他专业相比，呈现以下特点：首先是实践深度和广度的区别——客观因素。其他工程类专业，如结构、土木和路桥专业等，BIM 环节一般局限于工程建设的某一具体方面，有比较精深的专业实践要求，对学生的专业实践能力要求更具体、更深入。这是由这些专业所具有的深度大、广度小的特点决定的，而工程管理专业却恰恰相反。其次由于学制和时间等因素——主观因素。工程管理专业 BIM 能力培养不可能像上述其他工程类专业专注于工程建设的某一方面，如规划、设计、监理、施工、预算、工程财务、工程法律等方面。工程管理 BIM 教育融合在工程建设具有比较系统地认识和实践的过程中；必须融合在工程建设的交叉知识单元和知识点中。因此，工程管理 BIM 教育知识单元和知识点较宽泛，能力结构要求更加综合，既包括 BIM 核心工具技术和工程技术实践的要求，又容纳工程项目方面的素质和体验，还涵盖了工程经济与管理方面的实践操作能力的培养。

4.2 工程管理专业 BIM 课程建设

BIM 课程的建设为高校培养 BIM 人才提供了切实可行的方法，完善的实验室设备、雄厚的师资力量为 BIM 教学人才培养提供了坚实有力的基础，对 BIM 教育的发展具有极大的促进作用。通过将 BIM 与混合式教学相结合，构建 BIM 混合式教学框架，来开展工程管理专业 BIM 混合式教学，并通过具体案例分析进行实践，以更高效地推动工程管理专业 BIM 课程建设。

4.2.1 BIM 课程建设的先决条件

1. 实验室条件

工程管理专业应具有较完备的硬件设施，包括实验室、计算机房等。同时应建立门类齐全、分布面广的实习基地，与高校内外的工程设计研究院、工程造价咨询事务所、监理公司、总承包公司、软件公司等单位建立长期的合作关系，形成稳定的实习基地，并组建校企合作算量实验室。产、学、研相结合的基地为提高实践教学水平和人才培养质量发挥重要的作用。

2. 师资条件

工程管理专业应具备积累了丰富工程管理教学经验的教师，并且乐于接受新知识，紧跟工程管理人才需求的发展变化，具有持续学习能力。教师团队积极探索 BIM 教学新的教学方法，形成一套成熟的 BIM 教学模式，具有丰富的实践经验，具备较强的 BIM 技术基础及应用背景，BIM 教学的教师要具备专业综合知识和熟练使用软件的技能。

3. 学生自身条件

学生需要一定的知识储备，BIM 贯穿于项目全生命周期，学生掌握的知识要全面，涉及房屋建筑学、工程结构、土木工程施工类、工程造价及后来的工程项目管理等学科。工程管理作为一门综合性较强的学科，知识体系大，集成化程度高，学生需要耗费较多的时间奠定好基础。

4.2.2 BIM 课程搭建

在 ASCE Civil Engineering Body of Knowledge（CEBOK）制定的 2025 年美国土木工程教学指南远景规划中，CEBOK 不是直接提及 BIM，而是间接将其定义为未来工程师必须精通的技术，并且工程师们能够传达明确连贯而具时效性的工程信息。CEBOK 认为在 BIM 所支持的交流、协作、问题识别和问题解决方面，知识和技能对土木工程师都非常关键。工程管理强调通过构建系统的、全面的 BIM 教育方法加强 BIM 教育已经成为大学课程改革的核心关注点。BIM 课程在大一和大二阶段，主要集中于工程基础信息表达、工程设计的计算机建模以及 BIM 工具的技术层面。其 2D 和 3D 的教学路径如图 4-5 所示。BIM 在大三和大四的中级和高级课程应关注 BIM 作为通用工程和管理课程的层面，专注于针对特定目的 BIM 教学，如设计协调、规划和建设项目的控制。在研究生学习阶段，BIM 课程应集中于跨组织和项目的 BIM 合作与管理。例如，Worcester Polytechnic Institute 在大一"土木工程和计算机基础"课程中进行为期 1 周的 BIM 模块概论，其次是在"土木工程集成信息技术"课程中进行高级 BIM 使用。该课程融合其他课程中横跨三个学年进行分散讲授，开始是大学二年级的 CAD 课程，接着是交通运输工程课程，最后是大四高级 BIM 设计课程。这三个阶段的学习目标分别是：BIM 基本原理及其应用；基于工程标准重新定义 BIM 能力；构建综合土木工程 BIM 系统能力。

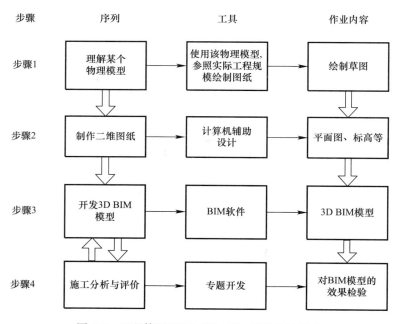

图 4-5 工程管理 BIM（2D-3D）教学方法示意

对美国工程管理专业来说，虽然许多大学已经在他们的课程中加入了 BIM 技术，使用各种各样的途径和教学方法，但是并不代表在 AEC 项目中 BIM 技术教学被普遍高质量地实施。许多学校只在一到三个课程中提供 BIM 技术；多课程将知识的涵盖面压缩到一到两周的引论；一些学校在工程管理一年级或二年级介绍 BIM 技术，部分课程只是在基本层面进行 BIM 软件教学，主要关注工程 3D 制图或工程信息技术课程建设方面，专注于建模的具体技巧和基本软件操作。这等于将 BIM 技术视为 CAD 的替代工具进行制图。造成这一问题的原因，从人才培养链上来看，深层的原因在于大多数工程管理课程，例如工程计量、工程估计、进度计划、质量管理和工程安全等，在很大程度上仍然没有从传统的 2D 图纸授课转换到 3D 模型授课。在建筑工程管理领域，3D 模型是工程设计、工程施工以及管理有效实施的主要媒介，为了使 3D 模型能更广泛运用在建筑工程领域，就应该在工程管理课程初级阶段进行 BIM 教学，并把 BIM 分散贯穿于其他课程或者作为独立课程在工程管理的教学阶段实施。工程管理 BIM 课程体系见表 4-4。

工程管理 BIM 课程体系 表 4-4

年级	课程名称	BIM 融合情况
一年级	工程制图	利用 BIM 技术进行三维建模
	工程管理概论	把 BIM 3D 技术融入工程管理概论中
	房屋建筑学	房屋建筑理论和 BIM 3D 技术相结合
	建筑材料	把 BIM 3D 技术植入建筑材料课程中
二年级	工程结构	工程结构＋BIM 3D 技术
	工程测量	工程测量＋BIM 3D 技术
	建筑 CAD 和 BIM	CAD、BIM 的简单应用
三年级	工程估价	工程估价＋BIM 3D、5D
	工程项目管理	BIM 3D、4D、5D 技术和工程项目管理结合
	建筑施工技术	BIM 3D、4D、5D 技术和建筑施工结合
	施工组织学	横道图＋BIM 技术
四年级	BIM 管理及应用	BIM 管理及应用
	毕业设计	BIM 3D、4D、5D

4.2.3 BIM 课程建设的目标

BIM 课程授课对象为工程管理专业本科生及技术经济与管理专业、建筑与土木工程专业、管理科学与工程、其他相关专业硕士研究生，本课程应紧密结合学科前沿及 BIM 领域的技术热点问题，在教学与专业建设方面，通过课程讲授，本课程主要实现以下目标：

1. 学生熟悉 BIM 在建筑领域的前沿理论

经过课程讲授，学生能够探讨 BIM 在当前和未来建筑施工企业的作用，使用 BIM 软件工具分析、设计、建立通用的建筑、结构的计算机模型和民用项目系统。能够达到检查 BIM 系统内部数据库和完善工作组的作用，使用行业公认的项目管理软件，用以规划、调度、投资估算和设计等方面。在 BIM 模型中，使用 BIM 系统内的多种技术，实现专业翻模、碰撞检查、设计审图等多个应用点的价值，达到工程项目施工过程模型管理与虚拟建造应用的目的。

2. 学生掌握 BIM 参与者的功能与价值

学生应明确参与者角色，明确职责，掌握 BIM 商业和管理的应用基础，包括会计、金融、经济、商业管理、合同法等。熟悉 BIM 项目交付系统、管理系统和程序、成本和时间控制、现场分析、价值工程等[15]。

3. 学生掌握 BIM 软件中施工方法和材料组织理论与方法

具体包括：其组成和性质；测量术语和单位；标准名称、尺寸和刻度；产品、系统和接口问题；并比较分析成本。应用设计约束条件，并且使用 BIM 软件做出的设计组织方案，包括网络图、关键路径、资源分配；运用建筑材料的知识和方法，解决工作现场的组织和装配技术与设备的选择相关的接口问题。

4. 学生具备组织实施项目应用 BIM 的能力，实现 BIM 价值点的应用

根据整体策略，学生规划团队应该开始确定将如何实施 BIM 项目，规划团队应该考虑如何使用它们在项目过程中的信息，包括他们将如何汇聚、生成、分析、沟通和实现。当确定他们是否将为这些 BIM 使用目的实施 BIM 时，项目团队需要考虑 BIM 资源、能力和团队经验。该资源包括软件、硬件和 IT 支持；当决定能力和经验时，规划小组应考虑过去的表现和整体能力；重要的是要了解如果团队没有必要的技能来成功实施 BIM，那么它实际上可能会阻碍采用 BIM。在这个努力结束时，团队应该能够做出"去/不去"的决定，在每个 BIM 使用之前，对每个 BIM 使用目的进行更详细的阐述[16]。

4.2.4 BIM 课程建设的内容

针对如何将 BIM 技术从行业实践转向课堂教学，并被学生易于接受；在 BIM 教学的几乎涉及工程项目管理的全寿命周期，工程项目管理内容庞大、知识点众多的情况下，学生如何基于 BIM 技术掌握土木工程技术、工期管理、构件管理以及经济分析等问题，BIM 课程建设将工程管理 BIM 教学主要内容划分成模块，并分析各个模块应该重点关注的关键问题[17]，具体见表 4-5。

工程管理 BIM 教学中的关键问题 表 4-5

工程管理 BIM 教学主要内容模块	工程管理 BIM 教学关键问题
模块 1：了解 BIM 知识和技能概况，以及行业 BIM 的趋势	识别 BIM 的定义和概念
	识别目前建筑中 BIM 的趋势
	定义 BIM 在建筑中的重要性
	描述基于 AutoCAD 认知建模、三维计算机图形、Revit、Navisworks、Bentley、工程造价等软件发展趋势
模块 2：理解 BIM 的概念在建筑工程中的应用	BIM 相关术语
	认识 BIM 在建筑行业中的实践
	识别 BIM 中的各参与方以及各自的责任
	领会在一个建设项目中如何应用集成项目交付系统和精益功能
模块 3：在建设过程中理解和运用 BIM	了解 BIM 在建筑管理中的重要性
	掌握建筑工程 BIM 成本分析
	对比 BIM 与传统的建筑过程
	基于 BIM 的可视化和虚拟构造性的 Estimating-Q 标记；MEP 协调和冲突检测；BIM 现场软硬件管理，/Vela/iPad/云/Bluebeam；等等

续表

工程管理 BIM 教学主要内容模块	工程管理 BIM 教学关键问题
模块 4：熟悉 BIM 软件	体会协同环境的重要性
	分析 BIM 合同和计划实施
	可执行协同工作
	在简单项目中进行熟练运用
	熟悉基本的计算机绘图技巧 AutoCAD、Revit、Google Sketch 等
	能够由多个对象模型来创建一个单一的 Navisworks 模型
	将进度软件和评估软件连接到 BIM 模型，例如 Autodesk QTO
	理解和分析不同的 BIM 软件，例如 Revit、Navisworks、Autodesk QTO、Bentley 和 Solibri
模块 5：BIM 未来发展方向与应用	建设行业 BIM 发展趋势
	了解 BIM、IPD 和精益建设
	了解设备管理和可持续发展中使用 BIM，例如能源建模和价值工程
	其他使用 BIM 的行业

BIM 课程建设主要采用课堂教学与学生实验应用结合的形式，如图 4-6 所示，采用"基于工作过程导向"的结构组织形式，将课程内容用模块和项目加以重新整合[18]。每个内容模块由若干个项目组成，项目内容由易到难、层层递进。

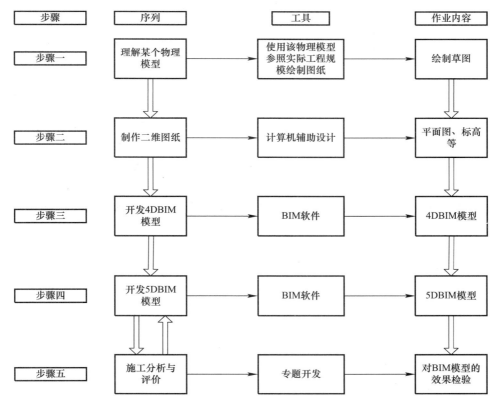

图 4-6 工程管理 BIM 课程建设方法示意图

工程管理 BIM 教育将采用从基础能力到高级能力的方式向工程管理学生介绍 BIM 基本原理；BIM 在施工过程中是如何应用的，包括可视化、沟通和协调 MEP 应用；BIM 实施；GC/CM 和其他利益相关者之间的关系。同时，还将帮助学生熟悉一些基本的 BIM 软件包，包括 Navisworks、Revit、Bentley，以及基于案例教学的可视化工具 Google Sketchup。课程教学中应注重具体操作使学生比较熟悉 BIM 技术是如何在建设项目实施的，如何使用 BIM 软件，如何将所学 BIM 知识和技能应用到实际的建设项目中，BIM 如何改善施工进度。需要强调的是，随着行业的发展，工程管理 BIM 能力单元需要动态调整以满足工程管理 BIM 人才培养需求[19]。

如果把 BIM 作为工程管理毕业生的一项基本技能，那就意味着研究生阶段必须加强学习，对于偏重土木工程技术的工程管理专业来说，BIM 应作为学生工程设计核心能力的组成部分穿插在课程作业和专业实践中，并通过项目作业进行强化学习和使用[20]。对于偏重经济管理的工程管理专业来说，BIM 理念和功能、基本技能的培养是必需的，而工程经济分析和现场施工管理的应用则是其核心学习能力，对于工程设计能力则可通过兴趣小组和学生竞赛等活动进行第二课堂的培养。在 BIM 的课程教学过程中，应该明确的是，BIM 课程不仅仅是一门软件学习，BIM 不等同于计算机绘图方法，BIM 教育更加强调学生面向实践的学习要求，以及加强团队协作和沟通的能力[21]。

4.2.5　BIM 课程设计方案

BIM 并不是某个软件，而是针对不同应用场景而设计的不同应用，以不同应用场景设计 BIM 技能模块以掌握 BIM 技术，贯穿在整个技能领域中，所以每个技能领域设计信息化技能的实训[22]，事实上已经基本满足了 BIM 人才的培训要求。为此，通过 BIM 课程建设，本书设计了一套完整的 BIM 课程设计方案，旨在为学生提供规范的 BIM 课程设计指南。

以虚拟仿真信息化技术为知识领域培养和提供高效的教学方式和资源：虚拟仿真技术最大的优点是三维可视化及情境仿真化，而信息化技术最大的优点是数据的快速传输、计算和分析能力，二者相结合将会给教学带来降低表达难度、提高知识传递效率的益处[22]，从而给实训带来多人同场竞技、情景式互动、趣味性体验、快速考评等益处。

以案例式、项目式、任务式教学为核心思想组织教学内容：以一个案例为核心，划分若干项目或者任务，让学生参与完成，是最有效提高学生积极性和提高学习效率的方法，信息化的学习工具也是遵循以上教学方法所设计，逐一完成各个学习任务，由此形成一套完善的课程设计方案。

该课程设计方案包含对课程设计实施阶段的划分、进度安排以及角色与工作分配等内容。工程项目管理 BIM 课程设计由一名老师作为项目总负责人，五位团队成员合作完成，五位团队成员的 BIM 课程设计角色分别作为设计专员、招标专员、投标专员、施工专员、安装专员。课程设计工程图纸应涵盖建筑施工图、结构施工图、电气、给水排水、消防、暖通等多个专业齐全的综合建筑，目的是迎合了 BIM 多专业翻模、碰撞等应用价值点的需要。

设计准备阶段主要工作内容有收集工程图纸、工程有关资料（包括地质资料、场地条件、周边环境及邻建、供水供电，工程招标投标相关资料、工程施工组织及施工管理资料)、工程所在地区的资源供应情况、价格及来源等，有关税费规定、有关工程设计、招标投标、施工管理等相关法规规范、规定，自学有关 BIM 建模软件，如 Revit、MagiCAD 等，此阶段设计专员（组长）、招标专员、投标专员、安装专员、施工专员全员参与，时间约为一个月。

模型设计阶段由设计专员统筹安排，其他成员协助完成，主要工作内容有综合运用 Revit 的族、概念体量、内建模型等功能完成参数化模型的建立，参数化模型的数据能够被准确提取，模型渲染、建立能的参数化模型能够导入广联达算量软件，进行碰撞检验、漫游动画、虚拟建造、复杂节点深化设计，为期 40~45 天。

招标阶段由招标专员和安装专员统筹安排，其他成员协助完成，利用 Revit 模型导出的 GFC 文件结合软件建模完成工程量计算，利用 GGJ 模型，套取清单和做法，利用 MagiCAD 导出的 IFC 文件进行工程量计算，编制工程量清单、招标控制价文件、招标计划、招标方案、合同专用条款、招标分析和评标标准，时间大约一周。

投标阶段由投标专员和安装专员统筹安排，其他成员协助完成，进行土建工程投标报价、安装工程投标报价、施工项目工作分解、工序划分、施工段划分、网络计划、进度计划编制、三位场地布置、施工方案（专项方案）和施工部署，用时在 10 天左右。

施工模拟阶段由施工专员统筹安排，其他成员协助完成，主要工作内容及目标有多专业模型整合、进度、成本、资源挂接，完成虚拟建造，优化资源、成本和进度计划，完善施工方案。

成果汇总及整理阶段全员参与，形成课程设计论文、制作视频、制作 PPT 等相关成果。

4.2.6 BIM 教育实践教学平台构建

1. 工程管理专业 BIM 教育"理论学习—实践技能—能力培养"三位一体实践教学平台框架

基于对现代工程管理人才所需专业技能的分析，为全面实现工程管理专业学生专业技能的培养，拟构建信息技术、经济与管理相互交融和渗透的"两模块三层次"的"课堂教学—工程实践—创新创业能力"的三位一体工程实践平台（图 4-7）。"两模块"指实验教学和实践教学，"三层次"实验教学平台包括基础实验型平台、专业综合型实验平台和创新型实验平台，"三层次"实践教学平台指基于专业实习实践双基地进行的认识实习、生产实习及毕业实习。BIM 教育实践教学平台、学科基础实验教学平台与专业基础实验教学平台旨在使学生了解和掌握基本的工程管理信息技术、BIM 技术和经济管理学科基础性实验内容和基本技能，为后续实验课程奠定基础；专业主修课程实验教学平台和专业特色实验教学平台可使学生全面了解实际经济和管理运行的基本过程，掌握专业软件的应用，具有综合运用所学基础课程知识和专业知识进行模拟操作的能力，为科研和实际工作打下基础；创新实验型平台通过一系列创新训练培养和提高学生的创新能力，逐步形成创造和创业意识及能力，为未来从事科学研究和解决实际工程问题打下扎实的基础。

该工程实践平台贯穿融合了工程管理专业实践仿真教学的理念与 BIM 技术，拟通过课程实验、课程设计、创新实践等手段深化教学，促进学生知识学习与专业实践有效融合，实现工程管理专业全部教学环节的相互协调和有机整合。课程实验、课程设计及创新实践以围绕建设工程全寿命期的工程经济、工程项目管理、工程风险管理、工程投资与融资、工程安全管理、工程管理信息化等课程为逻辑主线,按照相关执业资格的能力要求进行梳理和再造,使学生随着课程知识点的学习和内化,通过工程实践平台实现专业技能的提升,最后实现知识的全面融合、综合实践技能与创新创业能力的全面提高。

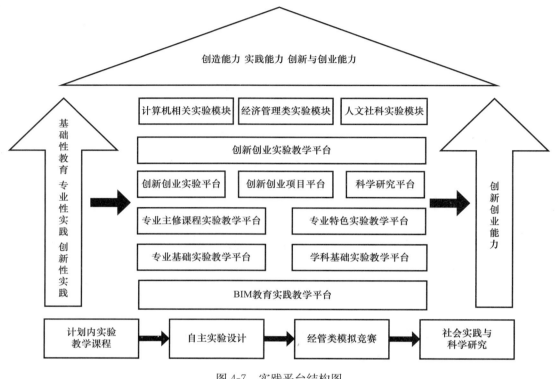

图 4-7　实践平台结构图

2. 工程管理专业 BIM 教育"理论学习—实践技能—能力培养"三位一体实践教学平台构建措施

要进一步提高实践平台的完整性,其中计算机相关实验模块、经济管理类实验模块等的构造需要建立实践项目课题库,提高项目双向选择的灵活性,学生也可以在给定的大范围内自主选择自己感兴趣的课题来做。实践项目库的题目选择是提高学生参与率、取得成效的关键因素。通过研读文献资料,并且选择具有一定代表性的大学和企业进行实地、问卷调研,了解大学生在科技创新竞赛、开放实验等活动的参加情况,对当前大学生实践能力培养现状进行考察分析。分析总结实践能力培养过程中存在的问题,如灵活性不够、宣传力度不强、课题选择面不广等;深入社会了解企业单位对大学生实践能力的理解和要求以及对大学生实践能力现状的评价;以工作在教学第一线的教师和致力于高等教育改革的专家为访谈对象,掌握大学生实践能力培养的第一手资料,综合分析大学生实践能力培养过程中存在的问题。结合调研的结果,针对大学生自主学习创新能力、实践能力的培养,研究实践项目的开设,探索项目开设方法及内容,为学生提供丰富的、具有科技创新、学生感兴趣的、与企业实践接轨的实践项目库。

对于一些教学平台,例如图 4-7 中创新创业实验教学平台、专业基础实验教学平台等,都需要构建一支理论知识及实践经验丰富、操作技能过硬、具有创新意识及能力的高素质教师队伍,这对于教师也是一种新的挑战。教师队伍应由三个梯队构成:专家教授、实验师和高级技师。专家教授负责理论研究和指导,为实践项目提供研究方向和理论依据;实验师必须有扎实的基础知识和实践技能来指导学生操作,并在指导学生的过程中不断充实、提高自己,增强自己的应变能力和解决新课题能力;高级技师主要完成审核图纸、辅助指导等工作,需要有多年的实践经验。三个梯队分工明确、相互配合、相互监督,共同对实践项目进行把关和指导,保证实践项目的顺利进行。

为了保障工程实践平台的规范性,应不断完善管理机制,主要从以下几个方面入手:

(1) 建立高效的管理机制

无规矩不成方圆,完善制度的建立便是成功的开端。在实践教学过程中,一定要结合校本情、结合大学生整体素质及知识掌握水平,因地制宜,制定相应的教学及管理措施,并在开放实验的整个教学指导过程中,将相关措施融入进去,并且根据实际情况不断完善,形成一套完备的管理机制。通过总结目前开放实验过程中已经取得的成就和还存在的问题,探索出一套科学有效的管理措施及制度,从而引导学生制定项目实施计划。由指导教师根据项目内容及特点,编写实验指导书、实验指导安排等,在关键节点上对学生进行教学辅导、引导,完善项目实施过程文档,督促学生按计划一步步完成项目内容,提高项目实施的效率及科学性。

(2) 建立相应的奖励机制

适当的奖励机制可以更好地提高学生进行实践项目的积极主动性。可以通过以下几项措施适当进行奖励:与学校学分制度结合,加大实践环节学分的认定力度;对实践活动成果进行展示,不定期地举办学生开放实验成果展示和技术交流,由同学自己现身说法,宣讲自己的收获;以学期为单位,对同学所完成的开放实验成果进行评比,颁发证书和奖励,从而对学生的实践成果进行肯定,吸引更多的学生参加到实践创新活动中来。

(3) 建立合理的评估机制

实践项目环节完成后,如何评估学生是否真正提高了实践能力和自主创新能力,是实验指导者最关心的问题。创建一个相对合理、相对公平的评估体系,不仅可以正确检验学生能力的提高程度,更为指导教师今后的教学改进提供了重要的参考依据。一套科学有效的考评机制和奖励机制,更能保障和促进学生实践能力的提高,增强学生在自身发展方面的自主性、能动性。通过建立科学、合理、公平的评估方法,来评估学生通过实践项目是否真正提高了自主学习能力、实践能力和自主创新能力,对大学生实践的整个过程进行正确的评估检验认定,对学生进行激励,为学生参加其他活动以及就业提供参考,更促进了指导教师今后的实践教学不断改进。

4.3 工程管理专业 BIM 课程教学模式

BIM 给建筑业的发展带来了革新和动力,它对于整个建筑业的发展非常重要,然而 BIM 人才还远远不能满足建筑业发展的需求。虽然有些高校已经把 BIM 纳入现有知识体系中,也进行了相应的教学模式改革,但很少有高校把 BIM 教育和混合式教学这种全新的教学模式相结合进行教学实践。混合式教学作为一种全新的教学理念和教学模式,应用到 BIM 教学中,能够提升 BIM 课程的教学质量和效果,有助于BIM 教育的开展。

4.3.1 BIM 教学模式现状

BIM 技术理念发展迅速，在大学数字化建筑教学中引入 BIM 可谓大势所趋。为了推动 BIM 教育的迅速开展，国内外许多高校都把 BIM 融入教学环节当中，并进行了一系列课程研究和改革实践。例如，哈尔滨工业大学在国内首次开设《BIM 技术应用》短课程，共 16 学时，内容包括 BIM 技术简介，BIM 技术在建筑设计、施工领域的应用，BIM 技术软件应用等；北京工业大学开设了 BIM 创新实践课和选修课；大连理工大学在本科学生的毕业设计环节设置了 BIM 方向；华中科技大学率先开设国内首个 BIM 方向工程硕士课程等。无论以何种形式开展 BIM 教育，都有助于 BIM 人才培养和提升工程教育质量。

就目前的 BIM 教学模式来看，国外已经有部分高校针对不同课程采取了几种不同的教学模式：针对一些《建筑工程制图》或工程类选修课，采用单一课程模式，即利用传统课堂介绍 BIM 相关的知识；针对一些具体的课程（如工程造价、住宅施工等），采用交互教学模式；针对一些建筑设计工作室等课程，采用多课程联合模式；针对 BIM 毕业设计，采用毕业设计模式。国内大部分高校还没有形成系统的 BIM 课程教学体系，还只是停留在利用传统课堂向学生介绍 BIM 概念及 BIM 相关设计软件等知识。

对于建筑和工程类专业来说，如果把 BIM 相关内容融入本科所涉及的专业课程（如工程制图、房屋建筑学、工程估价等）中，将十分有利于 BIM 教育的开展，相关课程体系见表 4-6。

本科专业 BIM 课程体系 表 4-6

年级	课程名称	课程形式	BIM 融合情况	课程类型
一年级	工程制图	课堂＋讲座	利用 BIM 技术进行三维建模	专业必修课
	工程管理概论	课堂＋实验	把 BIM 3D 技术融入工程管理概论中	专业必修课
	房屋建筑学	课堂＋实验	房屋建筑理论和 BIM 3D 技术相结合	专业必修课
	建筑材料	课堂＋实验	把 BIM 3D 技术植入建筑材料课程中	专业必修课
二年级	工程结构	课堂＋实验	工程结构＋BIM 3D 技术	专业必修课
	工程测量	课堂＋实验	工程测量＋BIM 3D 技术	专业必修课
	建筑 CAD 和 BIM	课堂＋实验	CAD、BIM 的简单应用	新建核心课
三年级	工程估价	课堂＋实验	工程估价＋BIM 3D、5D	专业必修课
	工程项目管理	课堂＋讲座	BIM 3D、4D、5D 技术和工程项目管理结合	专业必修课
	建筑施工技术	课堂＋实验＋讲座	BIM 3D、4D、5D 技术和建筑施工结合	专业必修课
	施工组织学	课堂＋实验	横道图＋BIM 技术	专业必修课
四年级	BIM 管理及应用	课堂＋实验	BIM 管理及应用	新建核心课
	毕业设计	实验教学	BIM 3D、4D、5D	专业必修课

BIM 教学内容庞大，学生如何基于 BIM 技术掌握土木工程技术、工期管理以及经济分析等内容，以及如何将 BIM 技术从行业实践转向课堂教学，并被学生易于接受，是 BIM 教学必须解决的关键问题。因此，在设置 BIM 教学内容时，一定要分阶段、分层次、分模块，以便学生掌握。首先，使学生掌握 BIM 相关概念及理论以及 BIM 发展趋势；其次，对于 BIM 全生命周期管理要有一定深度的理解；同时，还要掌握 BIM 相关软件操作知识；最后，要提升应用 BIM 解决实际问题的能力。这样分模块来学习 BIM 相关知识点，使得 BIM 知识体系更加清晰，也更有利于 BIM 教育的开展。

4.3.2 混合式教学模式及框架

1. 混合式教学简介

2003 年 12 月，何克抗教授将 Blended Learning（混合式教学）这一概念引入国内后，国内教育技术界的思想观念经历了一场深刻的变革，将其作为当前进行教学改革及改变教学结构的突破点。总体来说，混合式教学就是要把传统教学方式的优势和网络化教学方式的优势结合起来，既发挥教师引导、启发、监控教学过程的主导作用，又充分体现学生作为学习过程主体的主动性、积极性与创造性。

从广义上来说，混合式教学不仅仅是传统课堂教学和网络教学两种教学环境的混合，而是与教学有关的所有要素的有机混合。从内容上来看，混合式教学是教学方式、教学内容、教学素养、教学环境和教学资源的混合。从形式上来看，混合式教学是线上和线下、自定步调与实时协作、定制内容与非定制内容的混合。

近年来，混合式教学在教育上的应用越来越广泛。混合式教学对象（以学生为中心）、混合式教学开发与设计、混合式教学环境和平台选择、混合式教学的课程应用和效果评价等内容越来越成为学者们及高校关注的重点，有些学者还提出了一些更为前沿的观点，如：Collaborative Blended Learning Methodology（协同混合式教学方法）、Blended Learning Design（混合式教学设计）等。从研究热点及研究前沿可以看出，国内外针对高等教育中混合式教学已经有了较为深入的研究，但是需要提出的是，随着研究的逐渐深入，混合式教学应该与课程建设（设计、开发、实施）紧密结合，并采用合适的方法进行教学评价。

BIM 课程在教学方法上，应探索以 E-Learning 教学模式为先导的混成模式，即将面对面教学和在线学习两种学习模式有机结合，以培养学生独立思考能力、逻辑推理能力和创造性思维能力。由于 MOOC 相对于传统教育有诸多优势，近几年发展十分迅猛。MOOC 的兴起为混合式教学提供了强有力的支撑，也提供了新的思路与方法。MOOC 与 BIM 教学相结合有很大优势，MOOC 在 BIM 教学中具有巨大的应用潜力。可以开设 BIM 相关课程放到 MOOC 课程平台上，教师要充分利用 MOOC 的优势丰富自己的课堂教学，也可以以翻转课堂的形式展开教学[23]。

2. 混合式教学设计

混合教学模式的设计是建立在传统教学和网络教学二者基础之上的，它将两者的优势相结合，形成良好的教学效果。同时通过对教学的综合型评价，促进课堂教学质量的提升。对 BIM 课程混合式教学模式的设计思路如图 4-8 所示。

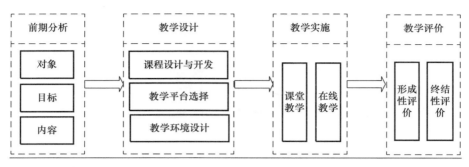

图 4-8 混合式教学模式框架

BIM 课程混合式教学的前期分析阶段要对影响教学的所有因素进行分析、判断，以获取丰富的信息。这一阶段的分析因素包括学习者、教学目标、教学内容等因素。BIM 教学目标为培养出能够适应建筑行业需求、具备 BIM 软件操作、实训等综合能力的学生；教学对象主要为工程管理、土木工程专业的学生；教学内容则涉及 BIM 概念及理论、BIM 实际应用、BIM 工具操作等方面。

BIM 课程混合式教学的教学设计阶段主要包括：根据教学目标进行课程设计与开发；根据教学内容选择合适的教学平台，选择合适的教学资源；根据教学方式进行教学环境设计。例如，在教学资源方面，教师可以采用教学 PPT、教学视频、微课等。BIM 课程教师将课程录制成 MOOC 模式放到 MOOC 平台上供学习者学习。

在 BIM 课程混合式教学实施方面，教师要根据教学目标和课程设计，运用教学平台和各种教学资源，实施混合式教学。同时，BIM 技术有助于促进建筑全生命期管理，实现建筑生命期各阶段的工程性能、质量、安全、进度和成本的集成化管理。而面授教学更适用于以下五类知识点：实操类、创新类或头脑风暴式的、角色扮演类、体验类等，例如，一些软件操作讲解、一些理论概念等知识点；线上教学能充分有效利用网络资源优势，共建和共享优秀教学资源，方便学生随时学习的优点使其更适合一些演示类、知识拓展和实时讨论方面的知识点，如在线资源查阅、可视化展示、沙盘演示等。

关于 BIM 课程混合式教学评价，传统的教学评价主要包含了考试成绩、平时成绩、上机成绩三部分的综合评价，在三种评价中，平时成绩占了很大的比例，它主要的参考依据是平时的作业情况和出勤情况，上机成绩主要是依据学生的上机情况进行评价。但是实际情况中，由于平时成绩中的作业可能存在抄袭情况，上机成绩存在拷贝情况，因此无法对学生作出公平、客观、正确的评价。因此在混合教学模式中，学习评价采用多元评价方法，注重形成性评价和终结性评价相结合。形成性评价由两部分组成：通过课程作业的完成情况、课程测试的成绩及在讨论组中的表现，实现对学习者线上学习的评价；通过课堂作业的完成情况、课堂表现实现对学习者线下学习的评价。对学习者的终结性评价通过线上结业测试及线下期末考试来实现。多元的评价方式相较于传统单一的终结性评价，更加有利于调动学习者参与学习活动的积极性。在整个课程结束后通过多元评价对整个教学效果进行总结，对混合式学习进行反思，不断总结经验，改进混合式教学模式[24]。

综上，通过对教学对象、目标、内容进行分析，组织线上线下混合式教学设计，利用现有网络教学平台构建混合教学平台,进行多媒体在线教学和在线讨论与交流等,最后对混合式教学实施过程、实践效果等进行评价,从而确保混合式教学质量。

3. 混合式教学框架

关于混合式教学理论框架,国外多位学者提出了自己不同的见解。其中比较有代表性的有:Harvey Singh 提出混合式教学是在线教学与离线教学的混合;自定步伐与即时、协作的混合;教学与非教学形式的混合;自定义教学内容与离线教学内容的混合;学习、实践和绩效支持技术的混合[25]。Graham 把混合式教学分为三个阶段:在线自定步伐式来获得背景信息;面对面教学实验室中主动式、体验式代替讲课;利用在线支持技术促进知识迁移到工作情景中[26]。Josh Bersin 在一篇论文中提到了一种最简单的混合式教学模式:首先是一个教师指导下的介绍或一个电话会议,然后是一个数字化学习的课件或在线课程,最后是一个教师指导下的练习或测试。这种方式是以一个电子内容为中心,周围是人参与的、交互的内容,这种方法能创造较高的、可计算的投资回报,能测量一个真实的数字化学习方案教学效果[27]。

一个广泛引用的混合教学框架是 Badrul H. Khan(2002)的混合学习八角模型(Khan's Octagonal Framework)(图 4-9),该模型主要包括八个维度:(1)制度:包括行政管理事务制度、理论学习制度、学生绩效考核制度。(2)教学:包括对教学内容分析、教学对象分析、教学目标分析等,以此来确定教学设计方案、教学策略。(3)技术:包括支持学习计划的服务器、访问服务器,以及解决其他硬件、软件和基础设施问题。(4)界面设计:保证用户界面支持所有的混合式教学元素,包括内容设计、导航设计和可用性测试等。(5)评价:包括对学习者的评估、教学内容有效性的评估。(6)管理:例如管理多个交付的基础设施和物流类型。(7)资源支持:包括供学习者使用的离线和在线资源。(8)伦理:包括公平的机会、文化差异、地理差异[28]。

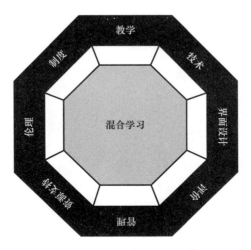

图 4-9 Khan 混合学习八角模型

在以上混合式教学框架的基础上,设计出适用于 BIM 课程的混合式教学六边形框架(图 4-10)。

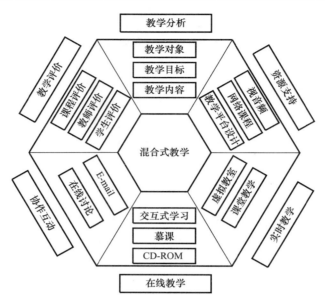

图 4-10　BIM 混合式教学六边形框架

最初，对 BIM 课程教学对象、教学目标和教学内容进行前期分析，接着进行教学设计，开展 BIM 课堂教学和 BIM 在线教学实施，最后进行 BIM 混合式教学评价。

工程管理专业 BIM 课程体系的设计，应以 BIM 理论（BIM 概念、标准等）为基础，以 BIM 软件（Autodesk Revit、Autodesk Navisworks、Bentley 等）为手段，强调 BIM 在工程建设项目全生命周期的应用，穿插引入基于工程项目实践的教学内容[29]。BIM 课程架构可分为理论和案例两个部分，理论中着重对多维数据信息模型、信息集成、协同工作、可视化等技术进行细致讲解，案例可通过对支持 BIM 不同阶段的各种设计软件、BIM 工程应用等内容的讲解以及 BIM 讲座来实现[30]。BIM 技术的核心是基于该技术的建筑工程应用软件，BIM 的可视化、协调、模拟、优化、出图等都要依靠各种软件来体现。同时，BIM 技术有助于促进建筑全生命期管理，实现建筑生命期各阶段的工程性能、质量、安全、进度和成本的集成化管理[31]。

第 5 章 工程管理专业 BIM 融合建设方案

融合建设方案以科技进步和社会发展对人才的要求为导向,以基本能力训练为基础,以综合素质培养为核心,以创新教育为主线,构建完整的符合专业人才培养特色的实践教学体系,培养学生的创新意识、创新精神和创新能力,培养学生的科学实验能力、工程设计能力、专业实践能力和科学研究能力。本章先分析了 BIM 在建筑全生命周期(BLM)的融合建设方案,再从造价和施工两个应用方向分别分析,构建 BIM 融合建设方案。

5.1 BLM 融合建设方案

5.1.1 BIM 技术在建筑全生命期应用场景

建筑全生命周期管理即 BLM(Building Lifecycle Management)是指建筑工程项目从规划设计到施工,再到运营维护,直至拆除为止的全过程。BIM 技术的应用贯穿了整个建筑工程全生命期,在每一个阶段都有相应的应用价值,例如:

项目决策阶段,基于 BIM 的投资估算编审和方案比选,支持通过可视化模型进行,帮助建设单位把握好产品的市场定位,让建设单位的投资效益最大化;可以对复杂项目进行经济技术论证,对实施难度高的项目进行模拟,可以在最大限度上降低建设风险,从而达到缩短工期、降低造价的目的。

项目设计阶段,基于 BIM 的限额设计、设计概算编审、合约规划,可以通过模型快速生成相关成本数据,对工程造价的把控、合约的预测、方案的优化发挥积极作用;基于 BIM 的一致性检查可以有效地控制设计变更的数量,达到降低成本的目的。

招标投标阶段,基于 BIM 的招标投标管理,可以便捷高效地帮助发承包双方进行工程量清单编制和投标报价的编制。

施工阶段,基于 BIM 的施工图预算编审、计量支付、变更管理,可以帮助施工单位进行精细化管理,如施工场地安排、进度模拟、施工难点预控、材料精细化管理等方面,可以指导项目安全、可控、节约地施工。

结算阶段,基于 BIM 工程结算、审核对量,可以提高结算准确度,提高结算效率。

具体应用见表 5-1。

BIM 技术在建筑全生命周期的应用场景 表 5-1

项目阶段 参建方	决策阶段	实施阶段			运维阶段
		规划设计阶段	招标投标阶段	施工阶段	
业主方	项目立项	建筑策划			
	可研报告	方案论证			
	地质勘探报告	场地分析			

续表

参建方 \ 项目阶段	决策阶段	实施阶段			运维阶段
		规划设计阶段	招标投标阶段	施工阶段	
设计方		BIM建模			
		可视化设计			
		协同设计			
		性能化分析			竣工模型交付
施工方			工程量统计		
			管线综合		
			计量计价		
				专项方案模拟	
				施工进度模拟	
				施工组织模拟	
				数字化建造	
				物料跟踪	
				施工现场配合	
监理方				安全质量进度监控	
项目管理咨询方			施工图预算		
供货方				材料跟进	
政府机构					维护计划
					资产管理
					空间管理
					建筑系统分析
					灾害应急模拟

5.1.2 BIM 实训体系 BLM 融合建设思路

1. 以专业教学基本要求中的知识领域、技能领域为核心培养范围

教育部土建类专业教学指导委员会所发布的专业教学基本要求中所划分的知识领域和技能领域培养已经是分析岗位基本能力所得出的最终结果，很好地诠释了作为专业人才所需要掌握的知识和技能。所以，专业基本教学要求中所提到的知识领域和技能领域如果都能做到实训，那将对学生的专业能力得到最细致实用的锻炼和提高。

2. 以掌握 BIM 技术及 BIM 相关配套硬件应用技术的实践为最终核心技能领域培养目标

建筑行业 BIM 技术的发展如火如荼，行业对 BIM 人才的需求也势如破竹，存在严重供不应求的现象，同时 BIM 并不是某个软件，而是针对不同应用场景而设计的不同应用，贯穿在整个技能领域中，所以将每个技能领域设计成信息化技能的实训，事实上已经基本满足了 BIM 人才的培训要求。

3. 以虚拟仿真信息化技术为知识领域培养提供高效的教学方式和资源

虚拟仿真技术最大的优点是三维可视化及情境仿真化，而信息化技术最大的优点是数据的快速传输、计算和分析能力，二者相结合将会给教学带来降低表达难度、提高知识传递效率的益处，从而给实训带来多人同场竞技、情景式互动、趣味性体验、快速考评等益处。

4. 以互联网技术提供教学资源的共享，打通教学、考核、认证、就业各个环节

"互联网＋"的模式正在改变各个行业，教育行业更是与互联网经济融合的焦点之一，

教学资源的共享、学习生命的持续维护、技能认证的普及、与就业的衔接等是互联网可以提供的核心价值。

5. 以案例式、项目式、任务式教学为核心思想组织教学内容

以一个案例为核心，划分若干项目或者任务，让学生参与完成，是最有效提高学生积极性和提高学习效率的方法，信息化的学习工具也是遵循以上教学方法所设计，逐一完成各个学习任务。

6. 在教学过程中不断追求高效、趣味、可量化的教学方法

在有限的时间内要求高效的教学质量是不断改进的方向，趣味性教学是成人教育中核心研究的教学方向之一，可量化是保障结果可评价的重要基础，教学方法的设计应该围绕这三点进行大胆创新、细心推演、全面设计。

5.1.3 BIM 实训体系 BLM 融合建设内容

BIM 创新创业实训平台以 BIM 技术为核心，围绕 BIM 技术应用，根据高校不同需求建设不同的应用中心，如图 5-1 所示。

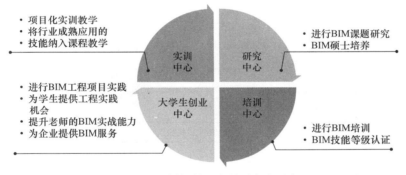

图 5-1 BIM 创新创业实训平台应用中心

首先以 BIM 研究中心为依托，进行 BIM 系列课题研究、协同应用研究、BIM 专项应用研究等工作，通过校企合作可提供相关 BIM 研究课题以及针对课题中的内容进行合作；基于培训中心在不改变现有的教学内容的情况下，提升学生学习 BIM 的应用技能需求，同时还可以满足从业人员学习 BIM 的需求，通过校企合作可针对 BIM 培训中心推荐外部师资进行培训，并结合 BIM 技能等级认证让参与培训的人员考核合格后可颁发相应的认证证书；BIM 工程中心依托学校现有教学资源，并吸引优秀的学生参与工程实践，不仅可以提升老师的 BIM 实战能力，也可基于实际工程结合 BIM 研究中心进行相应的 BIM 课题研究工作，同时也为企业提供 BIM 服务工作，通过校企合作可针对实际项目工程提供相应的工程辅导，为学校真正实施 BIM 相关工程提供支持；BIM 教学实训中心即在原有的教学基础上，结合学校已有工程中心并实施相应的实际工程与 BIM 一体化实训课程相结合，实现教学应用。

1. BIM 创新创业实训课程体系

搭建基于 BIM 的创新创业实训平台，以国内真实 BIM 工程案例为基础，指导学生在项目全过程中模拟参与各方进行基于 BIM 的工程综合集中管理、应用，辅助学生理解 BIM 规

范的制定、管理体系的建立，以及多参与方的 BIM 应用管控技巧，为学生整体理解 BIM 技术在工程项目中的应用提供了一个交互的环境。建筑类相关专业 BIM 能力的培养需要有针对性地制定一系列的实训课程，该系列实训课程需基于一体化实训的理念，基于同一个 BIM 工程案例，可实现 BIM 技术在建筑工程全生命期的全过程应用。能够实现培养学生基于 BIM 的协同设计能力、建模及识图能力、施工技术能力、计量计价能力、施工组织设计能力、招标投标能力、施工阶段项目管理能力。同时，该一体化实训课程需要配套相应的教学所需教材、教学 PPT、相关的资料等内容，方便教学使用。一个工程，N 个课程，围绕一个项目将工程建设过程的内容进行设计，重点在方法学习；每一个课程均为现有理论课程的有益补充，课程内容的设计是以工作中实际的业务为主线，进行任务划分，让学生通过体验，在做中学。

如图 5-2 所示，在实际业务点中需要让学生学到以下内容：

专业模型的创建能力的培养，识图能力的培养；

基于 BIM 模型的计量计价能力的培养；

基于 BIM 模型的工程沟通能力的培养；

基于 BIM 模型的施工组织设计能力的培养；

基于 BIM 模型的技术、进度、合同、成本、物资等管理能力的培养；

基于 BIM 模型的全过程工程管理能力的培养。

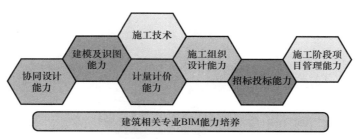

图 5-2　建筑相关专业 BIM 能力培养

本书对以上建筑类相关专业 BIM 能力的培养有针对性地制定了一系列的实训课程，如图 5-3 所示，该系列实训课程基于一体化实训的理念，实现了 BIM 技术在建筑工程全生命期的全过程应用。

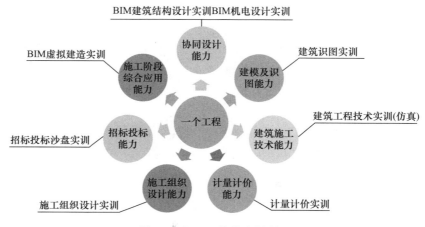

图 5-3　BIM 一体化实训课程

2. BIM系列课程实训教学计划案例（表5-2）

BIM系列课程实训教学计划案例　　表5-2

实践教学项目	制图实训	结构识图与手工算量实训	机电安装识图实训	施工组织实训	建筑工程技术实训	建筑工程技术实训	资料管理	建筑材料现场管理	建筑工程造价实训	安装工程造价实训	招投标实训	项目管理实训	虚拟建造综合实训	BIM毕业设计
软件支撑	BIM浏览器 GMT土建建模	钢筋算量软件	MagiCAD	网络计划编制软件、标书制作软件	钢筋翻样软件	BIM模板脚手架设计软件	云资料管理软件	材料管理系统	土建、钢筋工程量清单计价	安装算量、安装计价	招标投标沙盘、项目交易管理平台	项目管理沙盘	BIM5D套装	BIM系列产品
形式与内容	采用建模软件让学生独立完成指定工程的模型创建，为学生提供3~5套工程图纸	结构识图同钢筋算量软件结合，通过三维图形，讲清楚各类构件的钢筋	采用MagiCAD建模软件让学生独立完成指定工程的模型的创建	通过施工三维图平面布置软件讲解场地布置；学生独立完成指定项目的场地布置；通过网络计划编制软件、解决进度编制；通过标书制作软件，解决方案的编制	通过钢筋翻样软件让学生了解钢筋节点，钢筋下料等相应技术	通过虚拟仿真技术，让学生以游戏的方式参与项目的虚拟建造全过程，认识各个节点	通过BIM模板脚手架设计软件让学生能够完成施工专项方案编制	通过实际项目的资料管理实训掌握资料管理的要求	通过材料管理系统，模拟项目实训，让学生了解材料管理的全过程	通过实际的工程案例，以团队学习的方式，在实训中掌握土建工程量、钢筋算量、工程量清单计价	通过工程实际案例，学习工程的实训，学习安装工程计量与计价	通过参与招标投标沙盘、项目交易管理实训，通过沙盘与网络招标系统了解招标全过程	通过学员参与项目管理全过程，通过沙盘了解项目管理全过程	通过对一个项目从合同签订到结算全过程的体验	通过对项目任设计、招标投标、施工阶段的管理，按BIM思维打通整个应用，为期4个月
学时	30	30	40	30	30	30	10	30	60	60	30	30	180	510
周数	1	1	2	2	1	1	1	1	2	2	1	1	5	17
学期	1	2	3	2	2	2	2	3	4	4	5	5	5	6

5.2 BIM 造价方向建设方案

5.2.1 BIM 造价方向发展需求分析

随着"BIM+"技术在建筑行业的广泛和深入应用，传统工程造价业务模式发生了颠覆性的变革，工程造价岗位分工和专业能力需求也发生较大转变，从而导致工程造价从业人员必须进行转型。工程造价从业人员亟需熟悉 BIM 造价在建筑行业中的应用场景，掌握"BIM+"造价专业能力。高校作为工程造价岗位人才的重要输出地，迫切需要对工程造价专业进行改革创新，结合"BIM+"信息化技术培养具有较高职业素质、较强创新能力以及工程造价管理能力的应用型综合人才。

1. 工程造价及相关专业（方向）实训要求

在实践教学环节，工程造价方面的实训成为高校建设的重点，在各个专业中对于工程造价的实训要求见表 5-3。

各专业对工程造价的实训要求　　表 5-3

序号	专业（方向）名称	实训内容	实训类别
1	工程造价	建筑、装饰、工程量清单编制、工程量清单报价编制、工程结算编制、BIM 算量软件应用实训，工程造价综合实训	基本
		复杂工程的工程量清单与清单报价编制实训，复杂工程的工程结算编制实训	选择
2	工程管理	建筑及结构识图实训、建筑与装饰工程计量与计价实训、计价实训、工程招标投标与合同订立实训、施工方案编制实训	基本
		BIM 算量软件应用实训、建筑施工管理综合实训	选择
3	建筑施工技术	施工图识图实训、施工方案编制实训、施工组织设计实训、工程量清单与计价实训、招标投标实训	基本
		施工项目管理综合实训	选择

招标投标类教学在各个专业中的实训及实训基地建设也都有明确的要求，见表 5-4。

各专业对招标投标类教学的实训要求　　表 5-4

序号	专业（方向）名称	实训内容	实训类别
1	工程造价（管理）	（1）投标报价编制，投标技巧； （2）一般的招标文件、投标文件编制	选择+拓展
2	工程管理	（1）编制招标文件、投标文件； （2）投标报价编制； （3）施工组织设计编制（单位工程的施工方案、进度计划、总平面布置图）； （4）拟定合同条款； （5）合同谈判、签订合同； （6）招标、投标程序操作	基本
3	建筑施工技术	（1）一般的招标文件、投标文件编制； （2）施工组织设计编制（施工方案、进度计划、总平面布置图）； （3）一般土建工程工程量清单与计价文件编制（投标报价）	基本+选择

2. 工程造价方向面临问题

(1) BIM造价招标投标整体实训教学体系与建设思路还不够成熟，实训模式较传统，无法满足工程造价专业建设目标；

(2) 教学计划要求掌握的造价招标投标能力，逐渐与"BIM+"技术的岗位人才需求脱节；

(3) 学校现已开展的造价相关实训课程，存在实训体系不完整、"BIM+"信息化技术不完善，无法与行业"BIM+"造价业务进行有效衔接；

(4) 任课老师缺少BIM造价、招标投标方面的实务经验，教学方法单一、实训教材缺失、课时安排少，无法达到预期的实训效果和人才培养目标；

(5) 实训考核标准不明确，造成实训评测耗时长、工作量大，无法形成快速、准确、高效的考评系统；

(6) 高校现有的人才培养机制无法满足BIM创新创业人才培养能力需求。

5.2.2 BIM造价方向实训建设目的

BIM造价方向创新创业实训建设目的如图5-4所示。

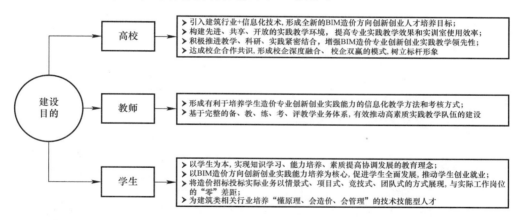

图5-4　BIM造价方向创新创业实训建设目的

5.2.3 BIM造价方向实训建设思路

目前建筑企业单位对工程造价从业人员的岗位能力要求越来越高，尤其是具有"BIM+"信息化技术的人才，对高校的应届毕业生同样如此。工程造价从业人员除了具备基本的专业知识外，对必要的实务知识、信息化工具及BIM技术的使用，也要求能够掌握到一定程度。那么在校内建设专业实训基地及配套实训课程，以达成"理论学习—实践技能—能力培养"的完整体系就非常重要。BIM造价招标投标创新创业综合实训室建设主要从复合型人才培养机制、BIM造价创新创业课程体系建设、教学方法和考核方式改革以及软硬件建设等方面进行改革创新。

BIM造价招标投标综合实训室建设，服务于造价（管理）专业（方向）、工程管理、建筑施工技术等专业，其设计应结合BIM造价专业实训课程的实训模式，并且能与真实工作业务相统一：首先要根据不同专业技能培养的需要选择相适应的"BIM+"信息化技术，根据"BIM+"信息化技术的实训特点匹配对应的硬件配置内容；同时 BIM 造价招标投标专业综合实训室实行分阶段、分类型建设，即建设时综合考虑 BIM 造价领域内实训室建设成熟度，参考建筑企业需求重视度、单技能和综合技能培养目标，制定 BIM 造价专业综合实训室分阶段建设计划。

随着国家"BIM+"信息化技术在建筑行业的普及和推广，BIM 造价技能已成为在校造价专业学生必须掌握的一项基本技能，BIM 造价专业实训室的建设是紧急而必要的；随着国家整合建立统一的公共资源交易中心平台以及电子招标投标技术的推广普及，BIM 工程招标投标技能已成为工程造价（管理）专业学生必须掌握的一项综合业务技能，BIM 工程招标投标实训室的建设成为必然；工程识图作为专业核心基础能力，学校一般已具备一些硬件及软件性的实训内容，可以利用现行较前沿的信息技术去拓展专业能力的提升。

5.2.4 BIM 造价方向实训建设方案

1. BIM 造价创新创业实训课程体系（图 5-5）

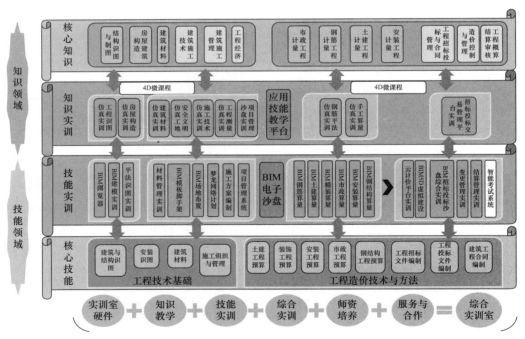

图 5-5 BIM 造价创新创业实训课程体系

2. BIM 造价创新创业实训建设

工程造价或工程管理（造价方向）等专业主要培养 BIM 造价专业复合应用型人才，在工程识图、工程造价及招标投标、项目管理及工程技术等核心教学内容除了完善的理论课程，还需要进行多方位、全面化的实训教学，实训教学体系需要分阶段、分类型进行建设，见表 5-5。

第 5 章 工程管理专业 BIM 融合建设方案

表 5-5 BIM 造价创新创业实训建设

实训室类型	知识领域		技能领域		建设思路说明
	核心知识	知识实训	核心技能	技能实训	
BIM 工程识图与构造综合实训室	(1) 建筑与构造识图； (2) 结构识图； (3) 安装识图； (4) 市政识图	(1) 建筑工程识图仿真实训； (2) 房屋构造仿真实训； (3) 钢筋识图仿真实训； (4) 安装识图仿真实训； (5) 道桥识图仿真实训； (6) 4D 微课程； (7) 应用技能教学平台	(1) 建筑与构造识图建模实践； (2) 结构识图建模实践； (3) 安装识图建模实践； (4) 市政识图建模实践	(1) 建筑识图与 BIM 建模实训； (2) 平法识图 GGJ 实训； (3) MagiCAD 机电安装模型应用； (4) GMA 市政建模实训	通过实际案例运用核心基础知识与核心基础能力的各配套实训产品，使学生能够深入了解和学习理论知识，并有效提高理论知识水平；使学生识读建筑与结构施工图，安装专业、市政专业施工图；能够通过三维仿真技术比对，领会设计意图；能够通过学习和应用各种标准图集，以及专业软件绘制施工图；并通过学习 MagiCAD 等主流 BIM 设计系统掌握 BIM 模型的设计要领
建设工程 BIM 应用综合实训中心 BIM 工程造价招投标综合实训室	(1) 钢筋工程计量； (2) 土建工程计量； (3) 土建工程计价； (4) 安装工程计量； (5) 安装工程计价； (6) 市政工程预算； (7) 装饰工程预算； (8) 钢结构工程预算； (9) 造价控制与管理； (10) 工程招标投标与合同管理； (11) 工程概算、结算、审核	(1) 手工算量仿真实训； (2) 钢筋平法仿真实训； (3) 工程招标投标交易管理平台； (4) 4D 微课程； (5) 应用技能教学平台	(1) 土建工程预算； (2) 装饰工程预算； (3) 安装工程预算； (4) 市政工程预算； (5) 钢结构工程预算； (6) 工程招标文件编制； (7) 工程投标文件编制； (8) 建设工程合同编制	(1) BIM 土建计量计价实训 (BIM 钢筋、BIM 土建、云计价平台)； (2) BIM 安装算量实训； (3) BIM 市政算量实训； (4) BIM 精装算量实训； (5) BIM 钢结构算量实训； (6) BIM 招标投标工程量计算、招标投标文件编制、变更管理实训； (7) 结算管理实训； (8) 智能考试系统； (9) BIM5D 系统虚拟建造实训； (10) 智能考试系统	学生通过实际建筑工程案例，结合 BIM 造价招标投标相关配套实训课程或成工具，对建筑工程（土建、装饰、安装、市政、钢结构）计量与计价、造价控制、工程招投标、建筑工程合同、工程结算等核心专业知识与核心专业能力进行深入学习并掌握。学生通过掌握建筑 BIM 造价招投标综合业务模拟实训，熟悉并掌握工程量计算、工程量清单文件编制、工程计价文件编制、招标投标文件编制、建筑工程合同编制、建筑工程模拟建造、工程结算与审核，与 BIM 设计模型的算量综合技能等专业技能，整体提升学生岗位综合技能与素质
BIM 工程管理综合实训室	(1) 建筑施工管理； (2) 建筑工程材料	(1) 项目管理沙盘实训； (2) BIM 电子沙盘实训； (3) 建筑材料仿真	(1) 施工管理能力； (2) 建筑材料的应用能力	(1) 梦龙网络计划编制实训； (2) BIM 5D 综合实训； (3) 项目管理实训； (4) 材料管理实训； (5) 资料管理实训	先通过仿真与项目管理沙盘对专业及行业有个全面系统的认识，提升兴趣。由浅入深，再逐步加强材料管理、钢筋管理、成本管理等专项管理技能。最后通过企业项目管理系统及配套案例，了解真实项目管理全过程，培养学生施工组织策划能力，施工进度及成本控制能力，团队合作能力，提升整体的实战项目管理能力

3. BIM 工程识图与构造综合实训室（表 5-6）

BIM 工程识图与构造综合实训室 表 5-6

序号	课程名称	实训主要介绍
1	房屋构造仿真实训 4D 微课程	以三维形式展现虚拟仿真各种房屋构造节点模型，配套知识图解和 4D 微课，以多人在线的形式，学生通过任务式的引导进行情景体验式的互动学习、趣味考核，最终使学生能够掌握各种房屋构造的形式及基本构造做法
2	工程识图仿真实训 安装识图仿真实训 道桥识图仿真实训	针对《工程识图与制图》课程的教学应用，通过虚拟仿真技术，掌握工程制图投影原理，还可以通过案例的形式，在工程二维建筑图、施工图上建立三维空间模型，以掌握工程图纸的识读
3	结构识图仿真实训	针对《工程识图与制图》课程的教学应用，通过虚拟仿真技术，掌握钢筋标识方式，还可以通过案例的形式，对构件进行拆解分析图纸表示方式与钢筋实际布置的对应关系，以掌握对结构施工图纸的识读
4	BIM 模型设计与模型学习系列软件	主要包括结构 BIM 建模实训 GMT、BIM 浏览器、BIM 审图、平法识图 GGJ、GMA 市政建模及机电安装模型设计 MagiCAD 软件
5	建设行业应用技能教学平台	基于校园网，面向建筑类专业，为老师和学生提供的一个集专业核心课程、技能实训课程、行业新知讲座、多媒体素材库等为一体的网络辅助教学平台。主要包括：超级课堂、电子工地、软件下载等核心模块，辅助专业师生开展识图、施工、建材、技能实训、新清单、新平法等课程及配套多媒体素材的教学与训练，从而实现专业教学信息化、自主化、体系化；帮助高校积累优质教学资源，强化专业教学质量，提升专业竞争力

4. BIM 造价—招标投标综合实训室（表 5-7）

BIM 造价—招标投标综合实训室 表 5-7

序号	课程名称	实训主要介绍
1	手工算量仿真实训 钢筋平法仿真实训 4D 微课程	通过三维仿真，以直观、立体的方式通过实际案例进行土建手工算量及钢筋平法的训练，加强算量基础知识，并能够实时对比评测，清晰问题与难点所在，并通过 4D 微课中的丰富素材及 BIM5D 虚拟建造进行项目成本管理的模拟，深入学习工程造价管理基础知识
2	云计价平台	通过创新的团建实训八步教学法，案例式、任务化教学，以更加人性、高效的方式学习建筑工程、安装工程、装饰工程、市政工程的工程量计算及工程量清单编制、工程量清单计价编制、变更管理、工程结算编制等造价业务知识以及 BIM 造价软件的综合应用，并通过对量、审核、评分等课程配套软件形成完整的 BIM 造价课程体系，全面提高造价实训的整体效果。BIM 造价系列实训软件能够真正与 BIM 系列设计软件及施工管理软件进行 BIM 模型对接及应用，实现真正的 BIM 数据贯通，能够让学生学习并掌握主流的 BIM 造价知识与技能
3	BIM 土建计量计价实训课程	
4	BIM 安装计量计价实训课程	
5	BIM 市政计量计价实训课程	
6	BIM 精装计量计价实训课程	
7	BIM 钢结构算量实训	
8	BIM 变更管理实训	
9	BIM 结算管理实训	
10	BIM 招标投标沙盘综合实训课程	学生通过项目化、任务驱动式教学方法，将 BIM 招标投标业务体现在实物沙盘上，通过一个项目完整的招标、投标操作流程，学习招标投标法律法规、业务知识、业务操作流程、招标文件编制、投标文件编制、投标报价技巧及投标策略、招标投标风险管理、BIM5D 虚拟建造及现场演示等，进行招标投标业务的综合学习与技能锻炼 BIM 招标投标沙盘综合实训课程可以无缝对接 BIM 造价实训课程
11	BIM5D 系统虚拟建造实训	

续表

序号	课程名称	实训主要介绍
12	工程项目交易管理平台	基于主流工程招标投标业务，借助计算机和网络，在线完成招标、投标、评标、定标等全部活动，围绕项目信息、企业信息、人员信息，构成诚信管理系统、交易服务系统、备案管理系统等管理系统，实现全面的工程交易管理信息化；与"BIM招标投标沙盘综合实训课程"无缝对接，可实现BIM招标投标线上业务模拟＋线下技能实操的功能，全面强化学生就业岗位的业务与技能锻炼
13	建设行业应用技能教学平台	基于校园网，面向建筑类专业，为老师和学生提供的一个集专业核心课程、技能实训课程、行业新知讲座、多媒体素材库等为一体的网络辅助教学平台。主要包括：超级课堂、电子工地、软件下载等核心模块，辅助专业师生开展识图、施工、建材、技能实训、新清单、新平法等课程及配套多媒体素材的教学与训练，从而实现专业教学信息化、自主化、体系化；帮助高校积累优质教学资源，强化专业教学质量，提升专业竞争力
14	智能考试与技能鉴定	通过先进的现代化网络手段快速准确地为高校学生提供结课测评，包含对各种知识点的检测以及多种试题样式的测试，试题类型分为单选、多选、判断、填空、范围填空、软件实操等多个题型。可以对实操题批量快速评分。技能鉴定是针对相关专业高校在校生和社会工程造价从业人员的专业软件技能、应用经验和业务能力的综合鉴定，并对接企业招聘
15	工程项目施工管理沙盘综合实训课程	通过沙盘形式，基于工程施工单位视角考虑工程施工项目全过程的实训课程。其间学生将围绕工程施工进度计划编制、业务操作、资源合理利用等核心问题开展实践活动，学生通过组建项目团队，完成项目过程模拟，挖掘工程项目管理的本质；并且在沙盘分析软件的协助下，通过老师对学生管理过程的引导和点评，最终加深学生对理论知识如何实践应用的理解
16	建筑工程施工管理岗位演练仿真系统	在虚拟仿真的工程建设项目中，学生以个人或者团队的形式扮演建筑八大员中主要岗位角色，分工协作共同执行各个岗位工作内容，决策不同而决定项目的虚拟施工结果不同，体验真实建筑工程项目施工管理全过程，最终能够使学生熟悉掌握施工管理业务流程、岗位工作内容及方法，提高学生综合职业能力
17	建筑施工组织仿真工地4D微课程	虚拟仿真模拟一个标准的安全文明施工工地，以多人在线的形式，学生通过任务式的引导进行体验式的互动学习、考核，最终使学生掌握安全施工、文明施工、绿色施工在真实工地的体现，全面认知施工现场
18	BIM施工组织实训课程	BIM施工组织实训课程是以Mrpert、Mrbook、GBCB三个BIM类软件为载体，融合任务驱动、翻转课堂、理实一体的教学思路，运用案例化、信息化、团队化、系统化的教学方式，辅助教师提高授课效果和效率，帮助学生掌握施工组织设计编制和应用技能的一门专业实训课程
19	钢筋精细管理实训课程	钢筋精细管理实训课程是以钢筋精细化管理软件为载体开发的实训课程。该软件可实现翻样计算、采购、加工、绑扎全过程的精细化管理，不仅可以通过导入预算工程快速完成翻样计算，提高翻样效率，还可以通过优化断料、组合加工、余料再利用等功能降低钢筋损耗，同时为钢筋管理人员提供各部位的原材需用计划、实际损耗等关键数据，帮助做好过程管理，降低项目钢筋的成本，提高单项目的盈利能力
20	工程项目管理系统GEPS	施工企业项目成本管理解决方案是以成本管理为核心，以过程控制为手段，立足于施工项目管理核心领域的企业信息化解决方案。系统涉及工程项目全面业务，以实际企业运作案例数据，学习和了解企业实际工程项目管理全面业务，提升对信息化管理的了解和认识
21	材料管理实训课程	材料管理实训课程是材料管理软件为载体开发的实训课程。该软件是以预算材料为参考，以总量计划为基准，以需用计划为手段，通过核算、分析、报表、预警等形式及时了解计划偏差、采租情况、材料消耗、资金使用等，实现计划对材料的采购、库房、结算的全过程动态控制的一个协同工作平台

续表

序号	课程名称	实训主要介绍
22	BIM5D综合管理实训课程	以建筑信息模型为基础，整合成本、进度、质量、资源、安全等工程管理核心内容，通过实际案例进行项目管控，实现模拟多方沟通与协作，学习运用BIM技术进行工程管理
23	BIM招标投标沙盘综合实训课程	学生通过项目化、任务驱动式教学方法，将BIM招标投标业务体现在实物沙盘上，通过一个项目完整的招标、投标操作流程，学习招标投标法律法规、业务知识、业务操作流程、招标文件编制、投标文件编制、投标报价技巧及投标策略、招标投标风险管理、BIM5D虚拟建造及现场演示等，进行招标投标业务的综合学习与技能锻炼

5.3 BIM施工方向建设方案

5.3.1 BIM施工方向发展需求分析

1. BIM施工方向发展状况

我国城镇化建设正处于快速推进的后半期，今后10年，年均提高0.75～0.95个百分点。2020年我国城镇化率约为60%。2040年左右我国城镇化达到70%～75%的峰值。近年来，随着产业结构的调整和变化，以及信息技术革命的实践，BIM技术的发展从之前的重在设计阶段普及到工程建造施工的全过程。建筑行业在施工方向显现颠覆式的变革，施工阶段采用BIM技术等信息化手段进行精细化管理，实现了施工场地安排、进度模拟、施工难点预控、施工安全管控、材料精细化管理等方面的应用。企业对人才的综合业务技能要求越来越高，尤其是具有实践能力的施工类BIM信息化专业人才。然而高校现有的施工类人才培养机制已经无法满足企业的用人需求，如何在校内培养施工类BIM信息化人才已经成为高校施工类专业发展的方向。

2. 专业实训建设及人才培养面对的问题

学校提高实训的需求越来越迫切，目前国家注重职业类教育的发展，政策与方法多，但实际成效小。

在实训建设上硬件投资较多，软性投资少；实训不完整，BIM信息化技术不足；按单项技能单独课程建设，缺乏综合性实训课程；人才培养机制单一，无法满足国家对创新创业人才培养机制的变革要求；依靠现场实习，无法解决部分信息技术的实训；国家对施工员的职业标准加强了管理技能的要求，项目管理实训方面建设较少。

5.3.2 BIM施工方向实训建设目的

将本专业建设成为人才培养质量高、企业满意、特色鲜明、社会服务能力强、具备创新创业综合能力培养的BIM施工类专业综合实训室，为建筑类相关行业培养"懂原理、会施工、会管理"的技术技能型人才，成为区域内或全国样板类高校，在全国同类专业中发挥引领和示范作用。

1. 从高校角度

（1）引入建筑行业 BIM、大数据、云计算、移动互联网等信息化技术，与高校现有的施工类专业人才培养目标有效结合，形成全新的 BIM 施工类专业创新创业人才培养目标；

（2）构建仪器设备先进、资源共享、开放服务的 BIM 施工类专业创新创业实践教学环境，全面提高专业实践教学效果和实训室使用效率；

（3）在保证完成专业实践教学任务的前提下，能积极推进教学、科研、实践紧密结合，充分发挥学术、技术优势，增强 BIM 施工类专业创新创业实践教学领先性；

（4）通过与实训课程供应商共建 BIM 施工类创新创业综合实训室，达成校企合作共识，形成校企深度融合、校企双赢的模式，在全国或区域内树立标杆形象。

2. 从教师角度

（1）针对 BIM 施工类课程体系，形成有利于培养学生施工类专业创新创业实践能力的信息化教学方法和考核方式；

（2）基于 BIM 施工类专业完整的备、教、练、考、评教学业务体系，有效推动高素质的 BIM 施工类专业创新创业实践教学队伍的建设。

3. 从学生角度

（1）以学生为本，实现知识学习、能力培养、素质提高协调发展的教育理念，以 BIM 施工类专业创新创业实践能力培养为核心，促进学生全面发展、推动毕业生创业就业、服务国家现代化建设；

（2）提供 BIM 施工类综合实训室，将施工类实际业务以情景式、项目式、竞技式、团队式的方式展现，学生参与施工类实际业务演练与学习，全面深入地了解并掌握施工类实际业务技能，达到与实际工作岗位的"零"适应；

（3）立足 BIM 施工类专业创新创业综合技能培养，为建筑类相关行业培养"懂原理、会技术、会管理"的综合型人才，增加学生就业机会，为学生创新创业提供强有力的技术支撑。

5.3.3 BIM 施工方向实训建设思路

目前建筑企业单位对工程施工从业人员的岗位能力要求越来越高，尤其是具有"BIM+"信息化技术的人才，对高校的应届毕业生同样如此。工程施工从业人员不仅要具备基本的专业知识，还要求一定程度地掌握必要的实务知识、信息化工具及 BIM 技术的使用。那么在校内建设专业实训基地及配套实训课程，以达成"理论学习—实践技能—能力培养"的完整体系就非常重要。BIM 施工类创新创业综合实训室建设主要从复合型人才培养机制、BIM 施工类创新创业课程体系建设、教学方法和考核方式改革、实训室软硬件建设等方面进行改革创新。

从施工类专业学生未来主要从业岗位能力要求分析着手，具体分析知识领域及能力领域的要求，针对目前高校实训教育与企业真实能力需求的差距，做针对性的实训室建设设计，满足学校易建设、老师易教学、学生学习效果好、企业认同高的综合性实训室。

分阶段是指建设时考虑针对领域内实训室已建设成熟度，参考企业需求重视度排序，设定实训室的建设顺序；施工技术领域理论层次与现行技术差距较大，实训室的建设是紧急而必要的；施工管理领域随着企业竞争的日渐激烈，企业精细化管理的需求与日俱增，施工类专业人员作为施工核心岗位主要从业群体，对既有技术又懂管理的人才备受青睐；造价领域随着国家基建投资的高速增长及电算化普及，已成为行业从业人员掌握的一项基本技能；工程识图作为专业核心基础能力，学校一般已具备一些硬件及软件性的实训内容，可以利用现行较前沿的信息技术去拓展专业能力的提升。

创新创业专业教育之 BIM 施工方向建设方案如图 5-6 所示。

图 5-6　BIM 施工方向创新创业实训建设方案

1. BIM 施工方向创新创业实训课程体系（图 5-7）

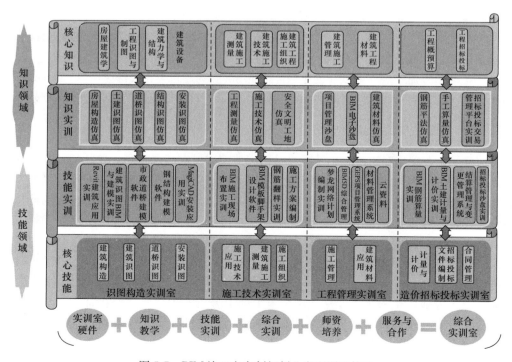

图 5-7　BIM 施工方向创新创业实训课程体系

2. BIM施工方向创新创业实训建设（表5-8）

BIM施工方向创新创业实训建设　　　　　　　　　表5-8

实训室类型	知识领域	知识实训课程	技能领域	技能实训课程	整体策略
BIM施工技术及仿真综合实训室	(1) 建筑施工测量；(2) 建筑施工技术；(3) 建筑工程施工组织	工程测量仿真	(1) 施工技术应用能力；(2) 建筑施工测量能力；(3) 施工组织能力	BIM施工现场布置实训	通过应用技能教学平台，仿真模拟系统提供全面配套的课件、BIM三维视频、4D微课、现场实际施工视频、仿真模拟，了解工艺流程操作方法，掌握建筑工技术操作要点；针对施工技术类单项技能通过软件操作学习及配套真实案例应用，使学生具备编制施工进度计划能力，编制施工方案能力，布置施工现场能力，钢筋翻样能力，模板脚手架安全计算及设计能力
		施工技术仿真		BIM模板脚手架设计实训	
				钢筋翻样实训	
				施工方案编制实训	
		安全文明工地仿真		应用技能教学平台	
BIM工程管理综合实训室	(1) 建筑施工管理；(2) 建筑工程材料	项目管理沙盘实训	(1) 施工管理能力；(2) 建筑材料的应用能力	梦龙网络计划编制实训	先通过仿真与项目管理沙盘教学形式，反配套有个全面系统的认识，提升兴趣，由浅入深，再逐步加强材料管理，钢筋管理，成本管理等专项管理技能，最后通过企业项目管理系统及配套案例，了解真实项目管理全过程。培养学生施工组织策划能力，施工进度及成本控制能力，团队合作能力，提升整体的实战项目管理能力
		BIM电子沙盘实训		BIM5D综合实训	
				项目管理实训	
		建筑材料仿真		材料管理实训	
				资料管理实训	
BIM造价招投标综合实训室	(1) 工程概预算；(2) 工程招标投标	钢筋平法实训	(1) 计量与计价能力；(2) 招标投标文件编制能力；(3) 合同管理能力	BIM钢筋算量实训	以实际工程案例标准、反配套的课程教材、案例图集等，使其既掌握软件功能操作，又使其工程造价仿真的形式，体验招投标课程；通过情景模式仿真的形式，体验工程项目从招投标至竣工的过程，使学生清楚工程项目招投标投标全业务流程，具备编制招标文件、投标文件的能力
		手工算量实训		BIM土建计量与计价实训	
				结算管理与变更管理实训	
		招标投标交易管理平台实训		BIM招标投标沙盘综合实训	
BIM识图构造综合实训室	(1) 房屋建筑学；(2) 工程识图与制图；(3) 建筑力学与结构；(4) 建筑设备	房屋构造仿真	(1) 建筑构造能力；(2) 建筑识图能力；(3) 道桥识图能力；(4) 安装识图能力	Revit建筑应用实训	通过各BIM软件的识读建筑专业施工图，以及素材案例的学习，使学生能识读建筑专业施工图、结构专业施工图、结构详图、节点详图，并进行三维对比识图，能领会设计意图，阅读和引用各专业软件绘制图集；并能使用专业软件绘制建筑、结构施工图
		土建识图仿真		建筑识图与BIM建模实训	
		道桥识图仿真		道桥识图与BIM建模	
		结构识图仿真		钢结构识图与BIM建模	
		安装识图仿真		MagiCAD应用实训	

3. 建筑工程技术综合实训室（表5-9）

建筑工程技术综合实训室　　　　　　　　　　　　　　　　　　　表 5-9

序号	课程名称	实训主要介绍
1	BIM施工组织设计实训课程	BIM施工组织实训课程是以Mrpert、Mrbook、GBCB三个BIM类软件为载体，融合任务驱动、翻转课堂、理实一体的教学思路，运用案例化、信息化、团队化、系统化的教学方式，辅助教师提高授课效果和效率，帮助学生掌握施工组织设计编制和应用技能的一门专业实训课程
2	钢筋翻样实训课程	钢筋翻样实训课程是以云翻样软件为载体，运用任务驱动的教学方式，结合实际案例，提高学生专项技能的一门实训课程。云翻样软件是一款替代翻样人员手工翻样的高效工具，可通过绘制或导入CAD电子图纸、预算工程快速建立建筑模型，软件按照规范和施工要求自动完成各类构件的翻样计算。该软件借助信息化手段，将需要经验积累类技能的集成在软件内实现，使得学员通过软件学习，结合理论知识，快速掌握软件应用，再在项目上经过实战操作，快速成为该领域的急需人才
3	BIM模板脚手架设计实训	针对施工现场的特点和要求，可进行专项工程施工专业方案计算、审核，遵照有关国家规范和地方规程，为施工技术人员编审模架安全专项施工方案和安全技术管理提供了便捷的计算工具。也为高校师生的使用和学习提供了便捷
4	安全文明施工工地仿真实训系统	虚拟仿真模拟一个标准的安全文明施工工地，以多人在线的形式，学生通过任务式的引导进行体验式的互动学习、考核，最终使学生掌握安全施工、文明施工、绿色施工在真实工地的体现，全面认知施工现场
5	建筑施工技术仿真实训系统	由学生端、教师端、后台三部分组成：学生端，通过任务引导学生在多人同时在线的模式下学习掌握施工工艺的操作，并完成工艺当中的考核，以及任务模式下的组队、自主考核；教师端，老师可通过4D微课或者边操作边讲解模式对学生进行分解、讲解工艺；老师可通过后台对学生的成绩、正确率等进行查询和导出Excel，方便老师分班级、分专业的成绩管理
6	工程测量仿真	由学生端、教师端、后台三部分组成：学生端，通过任务引导学生在多人同时在线的模式下学习掌握施工测量技术，并完成学习当中的考核，以及任务模式下的组队、自主考核；教师端，老师可通过4D微课或者边操作边讲解模式对学生进行分解、讲解施工测量；老师可通过后台对学生的成绩、正确率等进行查询和导出Excel，方便老师分班级、分专业的成绩管理
7	应用技能教学平台	基于校园网，面向建筑类专业，为老师和学生提供的一个集专业核心课程、技能实训课程、行业新知讲座、多媒体素材库等为一体的网络辅助教学平台。主要包括：超级课堂、电子工地、软件下载等核心模块，辅助专业师生开展识图、施工、建材、技能实训、新清单、新平法等课程及配套多媒体素材的教学与训练，从而实现专业教学信息化、自主化、体系化；帮助高校积累优质教学资源，强化专业教学质量，提升专业竞争力

4. BIM 施工项目管理综合实训室（表 5-10）

BIM 施工项目管理综合实训室 表 5-10

序号	课程名称	实训介绍
1	工程项目施工管理沙盘实训课程	通过沙盘形式，基于工程施工单位视角考虑工程施工项目全过程的实训课程。其间学生将围绕工程施工进度计划编制、业务操作、资源合理利用等核心问题开展实践活动，学生通过组建项目团队，完成项目过程模拟，挖掘工程项目管理的本质；并且在沙盘分析软件的协助下，通过老师对学生管理过程的引导和点评，最终加深学生对理论知识如何实践应用的理解
2	建筑工程施工管理岗位演练仿真系统	在虚拟仿真的工程建设项目中，学生以个人或者团队的形式扮演建筑八大员中主要岗位角色，分工协作共同执行各个岗位工作内容，决策不同而决定项目的虚拟施工结果不同，体验真实建筑工程项目施工管理全过程，最终能够使学生熟悉掌握施工管理业务流程、岗位工作内容及方法，提高学生综合职业能力
3	项目管理系统 GEPS	施工企业项目成本管理解决方案是以成本管理为核心，以过程控制为手段，立足于施工项目管理核心领域的企业信息化解决方案。系统涉及工程项目全面业务，以实际企业运作案例数据，学习和了解企业实际工程项目管理全面业务，提升对信息化管理的了解和认识
4	BIM5D 综合管理实训课程	以建筑信息模型为基础，整合成本、进度、质量、资源、安全等工程管理核心内容，通过实际案例进行项目管控，实现模拟多方沟通与协作，学习运用 BIM 技术进行工程管理
5	梦龙网络计划编制实训课程	梦龙网络计划实训课程属于建筑施工组织实训课程的子课程，该课程不仅在施工组织实训课程中占有重要的地位，也在 BIM 全生命周期的应用有着承上启下的体现，通过导入 BIM5D 进行进度与成本、模型的关联，实现施工模拟、进度优化
6	钢筋精细管理实训课程	钢筋精细管理实训课程是以钢筋精细化管理软件为载体开发的实训课程。该软件可实现翻样计算、采购、加工、绑扎全过程的精细化管理，不仅可以通过导入预算工程快速完成翻样计算，提高翻样效率，还可以通过优化断料、组合加工、余料再利用等功能降低钢筋损耗，同时为钢筋管理人员提供各部位的原材需用计划、实际损耗等关键数据，帮助做好过程管理，降低项目钢筋的成本，提高单项目的盈利能力
7	资料管理实训课程	资料管理实训课程是以云资料为载体开发的实训课程。该软件聚焦建筑生产过程资料管理业务，利用云技术，以项目部为对象提供资料编制、资料管理、文档存储、资料查询、在线互动的"云＋端"资料管理解决方案
8	材料管理实训课程	材料管理实训课程是材料管理软件为载体开发的实训课程。该软件是以预算材料为参考，以总量计划为基准，以需用计划为手段，通过核算、分析、报表、预警等形式及时了解计划偏差、采租情况、材料消耗、资金使用等，实现计划对材料的采购、库房、结算的全过程动态控制的一个协同工作平台

5. BIM 工程造价招标投标综合实训室（表 5-11）

BIM 工程造价招标投标综合实训室　　　　　　　　　　　　表 5-11

序号	课程名称	实训主要介绍
1	手工算量仿真实训 钢筋平法仿真实训 4D 微课程	通过三维仿真，以直观、立体的方式通过实际案例进行土建手工算量及钢筋平法的训练，加强算量基础知识，并能够实时对比评测，清晰问题与难点所在，并通过 4D 微课中的丰富素材及 BIM5D 虚拟建造进行项目成本管理的模拟，深入学习工程造价管理基础知识
2	云计价平台 BIM 土建计量计价实训课程 BIM 安装计量计价实训课程 BIM 市政计量计价实训课程 BIM 精装计量计价实训课程 BIM 钢结构算量实训 BIM 变更管理实训 BIM 结算管理实训	通过创新的团建实训八步教学法，案例式、任务化教学，以更加人性、高效的方式学习建筑工程、安装工程、装饰工程、市政工程的工程量计算及工程量清单编制、工程量清单计价编制、变更管理、工程结算编制等造价业务知识以及 BIM 造价软件的综合应用，并通过对量、审核、评分等课程配套软件形成完整的 BIM 造价课程体系，全面提高造价实训的整体效果。 BIM 造价系列实训软件，自主技术平台，能够真正与 BIM 系列设计软件及施工管理软件进行 BIM 模型对接及应用，实现真正的 BIM 数据贯通，能够让学生学习并掌握主流的 BIM 造价知识与技能
3	BIM 招标投标沙盘 综合实训课程 BIM5D 系统 虚拟建造实训	学生通过项目化、任务驱动式教学方法，将 BIM 招投标业务体现在实物沙盘上，通过一个项目完整的招标、投标操作流程，学习招投标法律法规、业务知识、业务操作流程、招标文件编制、投标文件编制、投标报价技巧及投标策略、招投标风险管理、BIM5D 虚拟建造及现场演示等，进行招投标业务的综合学习与技能锻炼。 BIM 招投标沙盘综合实训课程可以无缝对接 BIM 造价实训课程
4	工程项目交易 管理平台	基于主流工程招投标业务，借助计算机和网络，在线完成招标、投标、评标、定标等全部活动，围绕项目信息、企业信息、人员信息，构成诚信管理系统、交易服务系统、备案管理系统等管理系统，实现全面的工程交易管理信息化；与"BIM 招投标沙盘综合实训课程"无缝对接，可实现 BIM 招投标线上业务模拟+线下技能实操的功能，全面强化学生就业岗位的业务与技能锻炼
5	建设行业应用技能教学平台	基于校园网，面向建筑类专业，为老师和学生提供的一个集专业核心课程、技能实训课程、行业新知讲座、多媒体素材库等为一体的网络辅助教学平台。主要包括：超级课堂、电子工地、软件下载等核心模块，辅助专业教师开展识图、施工、建材、技能实训、新清单、新平法等课程及配套多媒体素材的教学与训练，从而实现专业教学信息化、自主化、体系化；帮助高校积累优质教学资源，强化专业教学质量，提升专业竞争力
6	智能考试与技能鉴定	通过先进的现代化网络手段快速准确地为高校学生提供结课测评，包含对各种知识点的检测以及多种试题样式的测试，试题类型分为单选、多选、判断、填空、范围填空、软件实操等多个题型。可以对实操题批量快速评分。 技能鉴定是针对相关专业高校在校生和社会工程造价从业人员的专业软件技能、应用经验和业务能力的综合鉴定，并对接企业招聘

6. BIM 建筑工程识图与制图综合实训室（表 5-12）

BIM 建筑工程识图与制图综合实训室 表 5-12

序号	课程名称	实训主要介绍
1	房屋构造仿真实训 4D 微课程	以三维形式展现虚拟仿真各种房屋构造节点模型，配套知识图解和 4D 微课，以多人在线的形式，学生通过任务式的引导进行情景体验式的互动学习、趣味考核，最终使学生能够掌握各种房屋构造的形式及基本构造做法
2	工程识图仿真实训 安装识图仿真 道桥识图仿真	针对《工程识图与制图》课程的教学应用，通过虚拟仿真技术，掌握工程制图投影原理，还可以通过案例的形式，在工程二维建筑图、施工图上建立三维空间模型，以掌握工程图纸的识读
3	结构识图仿真	针对《工程识图与制图》课程的教学应用，通过虚拟仿真技术，掌握钢筋标识方式，还可以通过案例的形式，对构件进行拆解分析图纸表示方式与钢筋实际布置的对应关系，以掌握对结构施工图纸的识读
4	BIM 模型设计与模型学习系列软件	主要包括结构 BIM 建模实训 GMT、BIM 浏览器、BIM 审图、平法识图 GGJ、GMA 市政建模及机电安装模型设计 MagiCAD 软件
5	建设行业应用技能教学平台	基于校园网，面向建筑类专业，为老师和学生提供的一个集专业核心课程、技能实训课程、行业新知讲座、多媒体素材库等为一体的网络辅助教学平台。主要包括：超级课堂、电子工地、软件下载等核心模块，辅助专业师生开展识图、施工、建材、技能实训、新清单、新平法等课程及配套多媒体素材的教学与训练，从而实现专业教学信息化、自主化、体系化；帮助高校积累优质教学资源，强化专业教学质量，提升专业竞争力

第 6 章 工程管理专业 BIM 毕业设计创新实践教学改革案例

工程管理专业越来越多地引入 BIM 课程改革以及教学实践，在 BIM 教育理论框架与实践研究中，工程管理专业 BIM 毕业设计创新实践教学改革案例是十分重要的一环，本章通过 3 个单独的教学案例，在实践学习中积累经验、发现问题并不断纠正，探索最优的 BIM 应用方案流程。

6.1 工程管理一体化案例教学的 BIM 毕业设计教学改革与实践

6.1.1 工程管理 BIM 毕业设计教改设计

工程管理 BIM 毕业设计，以案例为背景、以团队为载体，通过 BIM 设计、招标、投标、施工准备以及虚拟建造等几个阶段，采用分工协作的方式分别完成设计阶段、招标阶段、投标阶段、施工准备阶段和虚拟建造阶段分配的设计任务，按时提交各阶段的设计成果。BIM 毕业设计各阶段主要任务如下：

1. 基于 BIM 的工程项目模型设计创建

在拟定的案例项目图纸的基础上，进行翻模（包括建筑、结构、设备安装等）工作，模型关联交互、碰撞检查等设计分析、设计审图、模型渲染等。

2. 基于 BIM 的工程项目施工招标控制价的编制

利用前一阶段案例工程翻模的成果模型，参考案例工程项目图纸及有关文件，进行各专业项目工程量的计算、组价形成土建、安装工程项目案例招标控制价文件等。

3. 基于 BIM 的工程项目施工过程模型管理

利用有关软件进行施工组织设计的编制（包括施工进度计划编制、三维施工现场平面布置模型建立、案例工程模架施工模型的创建等），在完成案例工程项目土建三维模型翻建的基础上，利用工程项目管理沙盘考核系统软件（GSTA）对应自己的案例工程进行项目管理虚拟化案例设计，最后再用项目管理沙盘分析工具软件（GST）对应自己的虚拟化案例做出一套最佳答案。

4. 基于 BIM 的工程项目施工过程模型应用

基于 BIM5D 平台，载入案例工程不同专业模型及清单计价文件，完成准备前阶段模型与项目进度、成本（5D）的挂接，在此基础上完成项目施工前虚拟建造模拟、碰撞问题规避，确定施工最终方案并编制招标方案等。

在工程管理 BIM 毕业设计中，要求学生应用 BIM 相关软件在模拟过程中围绕以下要素展开：（1）获取完整的电子版图纸（建筑、结构、暖通、给水排水、消防、电气专业齐全）并导入到 BIM 软件中构建模型，完成 BIM 论文；（2）选择合适的软件建立各专业模型，包括但不限于屋顶、门窗、楼梯、内外部面层、绿化场地等；（3）模型结构构件包括桩基础、桩承台、墙、梁、板、柱、坡道、楼梯等；（4）机电系统按照毕业设计要求采用 MagiCAD 建模；（5）提交各模型成果及论文，制作 PPT 和视频，展示应用成果及重点[32]。

基于上述分析，工程管理 BIM 毕业设计任务要求、流程规划与阶段划分、工程管理"一体化课程"模块设置以及 BIM 毕业设计的组织管理整合为工程管理 BIM 毕业设计 RPOLCP 框架，如图 6-1 所示。

图 6-1 的左侧为达夫特[33] 4MF 组织管理架构，中间为 BIM 毕业设计流程以及阶段划分，右侧为工程管理"一体化课程"模块。通过工程管理 BIM 毕业设计 RPOLCP 框架，采用一体化案例课程实践，通过制定详细的组织计划，分配任务后展开建模、算量、投标报价、虚拟建造等一系列工作，可以有效系统地综合本科四年所学课程。工程管理 BIM 毕业设计 RPOLCP 框架 BIM 各设计阶段与专业课程的映射关系见表 6-1。

6.1.2 工程管理 BIM 毕业设计教改实践

1. 案例背景

工程项目管理 BIM 毕业设计由一名老师作为项目总负责人，五位团队成员合作完成，根据团队成员的 BIM 毕业设计角色对应安排另外五位教师分别作为设计负责人、招标负责人、投标负责人、施工负责人、安装负责人。由于此次毕业设计涉及较多的 BIM 相关软件，而很多软件是学生没有接触过的，形成了一种"做中学"的模式。毕业设计地点在沙盘实验室和交通工程管理机房，毕业设计场所配有专业书籍、标准图集、有关国家标准、行业政策等，使学生在毕业设计的各个环节做到随时查找相关依据。

工程管理专业将 BIM 融入教学体系改革至今，BIM 相关课程的考核主要以传统的考试为主，软件操作能力的检验主要以提交作业为主，难以检验学生学习 BIM 的真实水平。主要以试卷考试为评价方法，学生的考试成绩不仅作为对学生的评价，同时也是教学质量成果中的一部分。因此，教师与学生都非常重视成绩分数。为了培养学生的综合能力，教师花费了大量的时间和精力组织教学，力图使学生在教与学的互动中在知识和能力上得到全面发展。但是当前的评价方法无法反映多样、复杂的教学目标，无法真实评价学生的学习过程，教师和学生的努力成果得不到真正的体现。由于最终的考试成绩还是评价学生的主要部分，致使学生还是无法将主要精力投入到能力的培养过程中，从而消减了教师的教学效果。学生评价的不切合增加了教师改革教学方法的困难，同时也错误地引导了学生学习的重点[34]。采取问卷的形式对学生 BIM 学习效果展开调查，从多方面、多角度深入研究学生 BIM 学习的真实效果。对学生来说，评价在很大程度上影响了其学习的动力、目的以及投入；对教师来说，可以在调查中及时发现教学存在的问题，不断改进和提高教学质量，促进 BIM 教学改革。

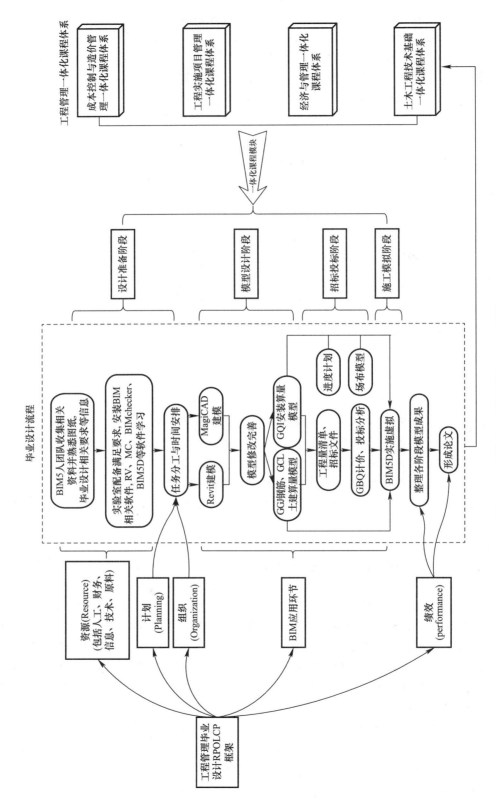

图6-1 工程管理BIM毕业设计RPOLCP框架

框架各阶段与专业课程关系表　　　　　　　　　　　表 6-1

教学课程	学期	模型设计阶段	招标阶段	投标阶段	施工模拟阶段
工程管理概论	1	★	★	★	★
企业管理原理	1	★	★	★	★
建筑制图与 CAD 基础	2	★			
房屋建筑学	3	★			★
建筑材料	3	★	★	★	★
工程力学	3	★			★
会计学	3		★	★	
西方经济学	3		★	★	
建筑结构	4	★			
工程经济学	4		★	★	
项目管理沙盘模拟实训	4				★
建筑施工技术	5			★	★
项目管理	5	★	★	★	★
项目评估	5		★	★	
工程计量与计价	5		★	★	★
设备安装工程概论	5	★	★	★	★
建筑施工组织与管理	6			★	★
计算机辅助工程管理实训	6	★	★	★	★
项目融资	6		★	★	
工程项目管理	6	★	★	★	★
安装工程计量计价与 BIM 建模基础	6	★	★	★	★
建设监理概论	6				★
BIM 施工管理实训	6				★
招标与投标实务模拟实训	7		★	★	
建筑法规与合同管理	7	★	★	★	★
国际工程管理	7	★	★	★	★
房地产开发与经营	7		★	★	
工程定额测定方法	7		★	★	
房地产估价	7		★	★	
物业管理	7				
工程管理综合讲座	8	★	★	★	★
运筹学	4				
管理统计学	5	通过基础学科理论知识的学习，获得在实践中运用现代信息技能，获得相关信息和解决管理问题的能力；具有解决工程管理专业和相近专业业务的基本能力			
财务管理	6				
管理信息系统	6				
计算机信息技术基础	1				

注释：★表示具有映射关系。

奥本大学BIM毕业设计学习效果主要针对以下六个层面进行调查：基本信息以及学生关于BIM的动机；学习BIM的先备知识；论文期间学习BIM软件工具；学生完成BIM论文的百分比；BIM论文的整体体验；为BIM论文的评论和建议。基于BIM毕业设计学习效果问卷框架，结合文献的学习效果测评框架，本章将BIM毕业设计学习效果从五个维度进行分析：综合信息与BIM学习动机；学习BIM先备知识工具；学习BIM的途径与相关软件的付出；BIM毕业设计论文质量；学习BIM的感受与体会。BIM毕业设计学习效果的问卷设计，既包含封闭式问题又包含开放式问题，目的是利于统计的同时能够让回卷者自由发挥，尽可能提高调查效果。BIM学习效果调查问卷框架及具体内容见表6-2。

BIM学习效果调查问卷内容框架　　　　　　　　　　表6-2

调查问卷涉及的五大方面	问题	类别	指标（选项）	目的
综合信息与BIM学习动机	1. 学习BIM的动机	教师与学生出发点	BIM能够提升专业素质	教师明确教学目标，学生明确学习目标，教师激发学生学习热情，提高积极性
			BIM能够提升实践能力	
			BIM能够提升沟通和协作能力	
			BIM能够提升职业竞争力	
学习BIM先备知识	2. 学习BIM的先备知识	基本前提条件	专业课程	在应用BIM的过程中寻找教学上的不足以及学生的薄弱环节，完善BIM教学计划，巩固薄弱环节，加强学习，为BIM毕业设计打好基础
			计算机辅助实训课	
			实习环节、合作教育培训	
			BIM建模基础	
学习BIM的途径与相关软件的付出	3. 学习BIM的途径	工具与主观努力	网络教学视频自学	了解学生学习BIM的途径以及各种软件的时间消耗，确定学生的需求，为学生提供良好的硬件设施。另外，帮助教师更加合理的分配任务，侧重点清晰，避免不必要的时间消耗
			老师课堂教学	
			实习期建筑单位习得	
			参加BIM培训	
	4. 学习BIM花费的时间精力		学习Revit建立土建模型花费的时间精力	
			学习MagiCAD机电安装建模花费的时间精力	
			学习计量计价软件花费的时间精力	
			学习场布软件花费的时间精力	
			学习模板脚手架软件花费的时间精力	
			学习BIM5D花费的时间精力	
BIM毕业设计论文质量	5. 完成BIM论文质量	最终考核体现	优秀	以BIM毕业设计实践作为毕业论文的写作背景，更加全面具体地考核BIM学习效果
			良好	
			中	
			及格	
			不及格	

续表

调查问卷涉及的五大方面	问题	类别	指标（选项）	目的
学习BIM的感受与体会	6. 建模期间遇到的困难	经验教训总结	建模过程中的重难点	旨在积累经验，改进不足，深刻了解学生BIM掌握程度，为以后教学提供借鉴
	7. BIM实践经验		BIM学习的经验教训	
	8. BIM效率		BIM的工作效率	
	9. 学习BIM的体会		学习BIM的感想	
	10. 对学习BIM的评价和建议		对BIM毕业设计实践的评价和建议	

调查方法：推荐以调查问卷为主，结合访谈法，就调查问卷涉及的五个方面问题进行深入调查，以保证调查问卷的有效性。

调查对象：以参加高校交通工程管理专业BIM方向毕业设计学生为样本。

调查过程：在BIM毕业设计结束后，邀请参加交通工程管理BIM毕业设计学生集合在一间教室，完成封闭性调查问卷后，以面对面的形式进行开放性问题调查，可以有效确保问卷回收率100%。

整理与统计：针对回收的有效问卷进行整理统计，统计方法采用绝对数和相对数进行趋势分析[35]。

2. 案例的组织实施

工程管理BIM毕业设计时间跨度为每年1月20日至4月28日。在此阶段，需要整个团队成员全员参与。

基于BIM的项目团队在毕业设计过程中遇到问题时通过团队讨论的形式进行沟通交流，实现1+1大于2的效果。

设计阶段：应用BIM进行"错漏碰缺"检查，在设计阶段提供基础模型搭建和管线综合服务，能够在真正施工前发现碰撞点并进行优化，减少返工，节约成本和时间。三维模型能够直观清晰地展现各个构件部位，运用Revit还可以进行能耗模拟、日照分析等，符合节能环保绿色的主题。

招标投标阶段：提供最优投标方案选择的建议，发现甲方招标清单量的错误和问题，发现图纸问题和错误，获得更加准确的工程量清单。响应项目招标书的"BIM应用方案"。列举BIM技术给项目施工带来的价值，提前提供部分图纸问题、预留洞报告等可以提高技术标得分。利用BIM模型制作施工方案动画，达到快速、成本低、真实感强的效果，提升技术方案。

施工阶段：BIM5D虚拟建造对施工工序进行模拟和分析，有利于进行安全、质量管理，方便获取阶段性工程量，并协助项目有关各方实施有效沟通。

此次毕业设计通过科技园案例在多个阶段的应用，提高学生 BIM 技术相关软件应用技能，更好地掌握经济、管理、法律等方面的知识，提升解决问题的能力以及协同工作的能力。

BIM 技术相关软件主要包括：(1) 广材助手；(2) 广联达指标神器；(3) 广联达计价软件 GBQ4.0；(4) 广联达 BIM 安装算量软件 GQI2015；(5) PDF 快速看图；(6) 广联达 BIM 钢筋算量软件 GGJ2013；(7) 广联达 BIM 土建算量软件 GCL2013；(8) 广联达 BIM5D 施工管理软件；(9) 广联达 BIM 模板脚手架设计软件；(10) 广联达 BIM 施工现场布置软件；(11) 广联达 BIM 审图；(12) Microsoft Project、梦龙网络计划编制系统、翰文进度计划软件；(13) AutoCAD2014；(14) AutodeskRevit；(15) MagiCAD 机电专业建模软件；(16) Navisworks（BIMchecker）。

BIM 毕业设计进度及工作分配见表 6-3。

基于 BIM 的科技园工程项目管理工作分解 表 6-3

阶段划分	软件	主要工作内容及目标	角色及任务					时间
			设计专员（组长）	招标专员	投标专员	安装专员	施工专员	
设计准备阶段（应用点的收集、相关论文）		1. 收集工程图纸	全员参与					2016.1.20～2016.2.28
		2. 工程有关资料：包括地质资料、场地条件、周边环境及邻建、供水供电；工程招标投标相关资料、工程施工组织及施工管理资料						
		3. 工程所在地区的资源供应情况、价格及来源等，有关税费规定，有关工程设计、招标投标、施工管理等相关法规规范、规定						
		4. 自学有关 BIM 建模软件：Revit、MagiCAD 等，初始建模						
第一阶段：模型设计阶段	土建模型	Revit	1. 综合运用 Revit 的族、概念体量、内建模型等功能完成参数化模型的建立	5、6、7 层	34 层	12 层	地下部分	8 到顶层	2016.2.29～2016.3.15
		2. 参数化模型的数据能够被准确提取						
		3. 建立能的参数化模型能够导入广联达算量软件						
		4. 模型渲染					渲染	
	安装模型	MagiCAD	建立能的参数化模型能够导入广联达算量软件	照明电路和消防电路	通风空调	消防工程	给水排水	电气电路和弱电电路	2016.3.15～2016.4.1

续表

阶段划分		软件	主要工作内容及目标	角色及任务					时间
				设计专员（组长）	招标专员	投标专员	安装专员	施工专员	
第一阶段：模型设计阶段	多专业协同	Navisworks	1. 碰撞检验	主要负责	全员参与				2016.4.1~2016.4.13
			2. 漫游动画	漫游动画					
			3. 虚拟建造	虚拟建造					
			4. 复杂节点深化设计	深化设计					
第二阶段：招标阶段	工程量计算	钢筋GGJ	利用Revit模型导出的GFC文件结合软件建模完成工程量计算	7到顶层	4、5、6层	23层	地下部分		2016.4.13~2016.4.16
		土建GCL	利用GGJ模型，套取清单和做法	7到顶层	4、5、6层	23层	地下部分		
		安装GQI	利用MagiCAD导出的IFC文件进行工程量计算	照明电路和消防电路	通风空调	消防工程	给水排水	电气电路和弱电电路	
	招标文件编制	计价GBQ	1. 工程量清单编制		土建及安装清单编制	土建清单编制	安装清单编制		2016.4.17~2016.4.19
			2. 招标控制价文件编制		招标控制价文件编制				
			3. 招标计划、招标方案、合同专用条款、招标分析和评标标准		招标专员负责				

续表

阶段划分	软件	主要工作内容及目标	角色及任务					时间
			设计专员（组长）	招标专员	投标专员	安装专员	施工专员	
第三阶段：投标阶段	GBQ	1. 土建工程投标报价				土建投标报价		2016.4.20～2016.4.25
		2. 安装工程投标报价				安装投标报价		
	BIM5D、三维场地布置GCB、模板脚手架GMJ	3. 施工项目工作分解、工序划分、施工段划分、网络计划	参与	参与	参与	参与	参与	2016.4.25～2016.4.29
		4. 进度计划编制			负责	负责		
		5. 三维场地布置					负责	2016.4.30～2016.5.4
		6. 施工方案（专项方案），施工部署				模板脚手架方案		2016.5.4～2016.5.6
第四阶段：施工模拟阶段	BIM5D	1. 多专业模型整合	负责					2016.5.7～2016.5.10
		2. 进度、成本、资源挂接	负责					
		3. 完成虚拟建造，优化资源、成本和进度计划	负责					
		4. 完善施工方案	负责					

进行实验教学的教学方法、学生的实验方法：

（1）以长安大学工程管理专业独特的"全过程项目式"教学模式为依托，通过培养方案项目式、培养过程项目式、学习与讲授项目式、组织与运行项目式和建立知识与技能相融合的"多合一"课程体系等进行系统而全面的工程管理教育，培养学生的"项目式"学习方法、团队合作意识和终身学习能力，使学生具有交通工程管理专业领域专业知识、专业素质、实践能力和创新能力，为服务于交通业和社会奠定良好的基础。

（2）在培养方案中围绕核心专业能力建立理论与实践、课内与课外、校内与校外相结合的"专业理论课程群（一体化案例/综合训练）＋实验（软件运用/场景模拟实训）＋课程设计＋实习＋专业竞赛＋合作教育＋毕业设计"这类多项合一的课程体系，将能力项目化或任务化到整个教学环节中，并通过"多合一"方式对知识和能力进行系统整合，运用这种理论与实践、学与用之间不断融合循环上升的教学方式，最终形成毕业生能够应用理论解决工程实际问题能力，使毕业生实现零距离上岗和具备职业综合能力。

（3）将四年专业课程所学的专业知识，如工程项目管理、交通工程计量与计价、施工组织设计等专业理论应用于BIM毕业设计实践当中，查漏补缺，了解教学过程中的薄弱环节,加强薄弱环节的教学与学习。

(4) 相关学习途径:除了专业课程中设置的 BIM 软件计算机辅助教学外,还可以利用百度传课、MOOC、建材网校、BIM 培训网、广联达 BIM 网校等途径学习。在此过程中教师辅以指导。BIM 毕业设计要求学生提交的文件清单见表 6-4。

文件清单　　　　　　　　　　　　　　表 6-4

Revit	模型.rvt 格式	GQI	模型.zip
	平面模型图片.jpg		平面模型图片.jpg
	立面模型图片.jpg		立面模型图片.jpg
	三维模型图片.jpg		三维模型图片.jpg
GGJ	模型.GGJ12	GBQ	工程量清单.xls
	平面模型图片.jpg		计价文件.GBQ4
	立面模型图片.jpg		分部分项工程和单价措施项目清单与计价表.xls
	三维模型图片.jpg		招标控制价.xls
GCL	材料统计汇总表.xls	BIM5D	进度计划 Project.mpp(或翰文、梦龙)
	模型.GCL10		B5D 文件
	平面模型图片.jpg		施工进度模拟动画.avi
	立面模型图片.jpg		流水段划分数据表.xls
	三维模型图片.jpg		资金汇总列表.xls
	清单定额汇总表.xls		资源汇总列表.xls
MagiCAD	模型.zip		资金曲线图.jpg
	平面模型图片.jpg		资源曲线图.jpg
	立面模型图片.jpg	场地布置	基础、主体、装饰三维视图.jpg
	三维模型图片.jpg		基础、主体、装饰俯视图.jpg
模板脚手架	模板脚手架文件.bjm、安全计算书		基础、主体、装饰文件.GBCB

所有涉及的软件除了我校交通工程管理实验室已经有的外,其他由广联达公司提供。目前我校实验室已有的软硬件设备(需要广联达加密锁)有:广联达计价软件 GBQ、广联达 BIM 安装算量软件 GQI2015、PDF 快速看图、广联达 BIM 钢筋算量软件 GGJ2013、AutodeskRevit、Microsoft Project、AutoCAD2014、广联达 BIM 土建算量软件 GCL2013 等。

BIM 毕业设计各阶段所采用的软件见表 6-5,其软件列表仅代表案例使用的软件,实际使用中可以采用其他相同功能软件替代。

各阶段应用软件对应表　　　　　　　　　　　　表 6-5

毕业设计阶段	主要应用软件
模型设计阶段	CAD 快速看图、AutoCAD、Revit、MagiCAD、BIMchecker、Navisworks(Lumin)
招标阶段	GGJ、GCL、GQI、GBQ
投标阶段	Project、GBQ、三维场地布置 GCB
施工模拟阶段	BIM5D

3. 实践过程

(1) Revit 土建模型的建立

本次毕业设计主要运用 Revit 建立土建模型，由于 Revit 建模时是按照楼层分配任务的，在每个人建模前首先要统一轴网与标高，避免后期合并 Revit 文件时出现不必要的麻烦。

在 Revit 软件中，Revit 族的制作开发是建模工作能否顺利开始的前提，核心问题是族文件的制作规则和算量软件的模型制作规则是否一致。因此，本次毕业设计在进行 BIM 应用时严格按照广联达建模标准，尽量用算量软件的模型制作规则对设计模型进行约束，实在无法依照规范进行的，就需要在算量软件中进行二次设计。另外，模型的设计通常是遵循设计师习惯进行的，一般来说是本层的柱在本层，本层的梁和板在上层，但是要和算量软件进行信息交互就需要依照算量软件的规则进行，必须保证本层的梁板柱等构件均在本层范围内。

传统土建设计大部分时间都花在了施工图出图上，不仅耗时耗力，还会增大出错的概率。本次毕业设计用 Revit 进行施工图出图，根据建立的模型进行绘制，系统完全按照模型来绘制，各个图纸之间具有关联，模型如果有了改动，施工图不必一张一张图纸进行修改，系统会自动更新图纸，节省了大量的时间和精力。

传统的设计工作是以个人为主的松散状态，本次毕业设计采用 Revit 进行设计使老旧的设计模式转化为现在更加紧密的协同工作状态，采用链接协同模式进行模型的设计，由团队负责人进行任务分配和模型的整合工作。

在实际建模过程中，为了和算量软件进行同步，不同类型的构件都需要特别注意。算量软件中墙可以和板、梁重叠，软件会自动扣除多余的工程量，但是在设计模型中会引发碰撞，因此进行模型设计的时候墙体的高度需要扣去板和梁的高度。完整的梁需要从首跨到尾跨贯通布置，在设计模型中，梁是否贯通并不影响，但是在算量软件中，如果没有贯通布置，软件会识别为多个梁，不再保持梁的完整性。建立门窗族一定要依附于墙体进行创建，没有依附于墙体创建的门窗族载入项目中有可能会出现脱离墙体的情况，导入算量模型后会识别为不规则体，无法计量。Revit 模型渲染图如图 6-2 所示。

图 6-2 Revit 模型渲染图

（2）MagiCAD 机电模型的建立与广联达安装 GQI 的应用

本次毕业设计案例科技园工程机电模型按电气、给水排水、消防、暖通专业划分任务，MagiCAD 核心特点是应用项目管理的思想，通过建立项目管理体系（项目本身文件夹的管理、软件项目管理功能），将安装各专业进行综合，以项目管理文件为核心，各专业依附项目管理文件，软件功能才能发挥作用。

在实际建立模型过程中，管道绘制方向一般按照由左至右、由下往上的顺序，先绘制主管，再绘制支管，采用先绘制后修改的方式比边画边改更有效率。画风管时应在绘制前设置好连接方式、弯头、变径、分支的类型，由于管道内流体是具有方向性的，如果不事先设置好会导致出现弯头和分支无法调整、不必要的管道变径、风管无法布置或移动等问题。绘制水管时必须正确选择对应的系统，本工程空调水管起初在绘制时使用供回水管系统，但后来发现无法设置水管坡度，而且在导入 GQI 后系统混乱变成了供暖燃气专业，因此需要设置坡度的冷凝水管只能用污水管线绘制，而冷媒管用供水管线绘制。

管道绘制完成后要布置构件和设备，首先明确构件设备的型号、尺寸等一些特征属性，然后在材质库选择所需要的构件或设备，如果没有完全一样的就用类似的产品代替。如果材质库也找不到所需构件和设备，可以将 MagiCAD 数据赋予 AutoCAD 对象，但这种方法绘制的构件设备导入 GQI 后不显示。

MagiCAD 本身具有碰撞检测功能，由于初期绘制时对软件各项功能不够熟悉，绘制管线时顺序及设置存在一定的问题，造成 CAD 底图与管件、变径处出现很多碰撞，变径碰撞如图 6-3 所示，这就需要将外部参照拆离，变径处删除设置弯头、分支后重新绘制。对于其他地方的碰撞可以采取"交叉""修改"等命令进行修改。此外，MagiCAD 自身的"材料清单"功能可以统计工程量，方便查看材料的相关参数。

由于 MagiCAD 只能单层单专业绘制，而且分配给不同的人，为了后期顺利关联到同一个项目管理文件，团队之间的协同至关重要。本次毕业设计团队指定一名负责人统筹全局，并且项目管理设定的权限只能由这个负责人进行修改。负责人预先建立基本的项目管理文件，然后将项目管理文件发送给项目的其他负责人，其他人员在这些项目管理文件的基础上进行项目的设计工作，当遇到需要修改或者添加项目管理文件的情况时，其他人员将需要修改或者添加的部分进行详细记录和统计，然后发送给项目管理负责人，由负责人进行统一修改。负责人将同意修改之后的项目管理文件再发送到各个负责人手里，利用 MagiCAD 的编辑功能就可以对已经绘制的内容进行修改。不过这种方法也有一定的局限性，这要求项目管理负责人对项目管理的设置非常熟悉。安装全专业 MagiCAD 整合模型如图 6-4 所示。

MagiCAD 软件安装应用时对计算机的配置要求比较苛刻，而且需要注意的细节问题也比较多，比如每次打开软件都要进行"一开一关设置"，即打开"使用当前标高替换 Z 值"、关闭"动态输入"，虽然 MagiCAD 具有专业的水力计算、沿路径检测等功能，同时具备高效实用的编辑工具以及庞大完善的产品库，但在导入 GQI 时会出现管线构件可以导入但对应专业错误与需要导入的构件无法导入等不可避免的情况，如图 6-5 所示，而解决方式只能通过在 GQI 里重新绘制来进行后续优化。

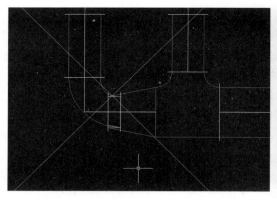
图 6-3 变径处碰撞图

图 6-4 MagiCAD 机电模型

图 6-5 排风、送风系统均变成新风系统

MagiCAD 导入 GQI 需要与电脑配置相适应的插件,MagiCAD 单层单专业的绘制方式使得导出 GFC 文件时只能每一层每一专业逐个导出,然后再单层单专业逐个导入 GQI,GQI 里的楼层设置要与 MagiCAD 导出的一致,具体操作如图 6-6 所示。导入 GFC 文件后的 GQI 问题诸多,考虑到毕业设计进度要求,未导入以及导入后专业错误的管线构件在 GQI 中重新绘制,模型完善后集中套用做法。

图 6-6 MagiCAD 导入 GQI 操作图

GQI 具有一键识别、精确算量、快速套用做法等应用价值,在使用 GQI 进行安装算量时,设置好楼层等工程信息后添加图纸,然后分割定位图纸,通过选择交点的功能来保证图纸之间具有相同的原点。依次将各图纸分割,通过捕捉名称的方法确定每张图纸的名称,之后将分割好的图纸分配到对应楼层。但 GQI 软件并不是完全智能的,一键识别管线也会出现各种各样的错误,比如管件方向有误、识别数量、管道尺寸有偏差及无法连接设备形成闭合回路等问题,这些可以通过"属性""编辑""旋转""偏移"等基本功能进行修改,相对于导入 MagiCAD 再后期完善模型来说更加快捷省事,不会出现专业不匹配的情况。安装各专业 GQI 整合模型如图 6-7 所示。

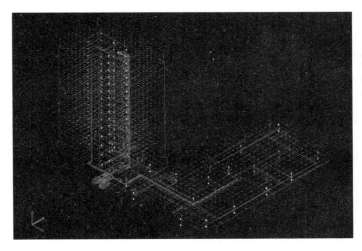

图 6-7 GQI 东南等轴测图

完成模型绘制后,在集中套用做法视图下对已经计算出的工程量自动套用对应的清单、定额,然后匹配项目特征,在此界面可以方便查看对应系统或回路的构件工程量。在右侧"构件图元"栏可以对构件工程量实行反查,快速定位到绘图界面显示该构件的工程量信息,通过返回"构件图元"继续做法套用。集中套用做法界面如图 6-8 所示。

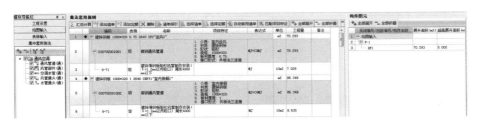

图 6-8 集中套用做法界面

(3)GCL、GGJ 模型的建立

对于发布的 BIM 标准,目前在国际上主要分为两类:一类是由 ISO 等认证的相关行业数据标准;另一类是各个国家针对本国建筑业发展情况制定的 BIM 标准。基于前期建立的 Revit 模型,要达成和广联达土建、钢筋软件进行信息交互的目标也有两种方式:一种是通过国际交互标准,导出相应的 IFC 文件,然后将信息与土建进行国际标准的交互,另一种是基于广联达公司针对自己的广联达软件系统开发的广联达信息交互标准,导出相应的 GFC 文件,然后将信息与土建进行广联达标准的交互。

相对而言,应用国际标准进行交互是比较妥当的,因为国际交互标准是通过国际社会多方认证的,是比较完善的。但是,目前我国的 BIM 技术还不是很成熟,一方面国内各大软件公司技术水准不够,达不到国际交互标准;另一方面国内各个 BIM 平台基于不同的软件系统,对应了各大软件生产商,软件生产商之间各自为政、敝帚自珍,对于自己的信息保护意识十分强,因此各大软件生产商基于自己的软件系统编制了符合自己软件的交互标准,对于其他外部标准,互相之间信息的交互状态不是很好,经常会出现构件信息丢失、错误、改变主体的情况,但是系统内部的信息交互很完整,错误率很小。

以下就对两种交互方式分别作一次互导分析，以选择最适合本项目的交互模式：

1) IFC 文件导入 GCL

在 GCL 界面下，点击"BIM 应用"下拉菜单下的"导入 BIM 交互文件 IFC"，进行楼层设置导入以后会弹出 IFC 预览图，需要设置定位原点，由于导出的 IFC 文件导入 GCL 后没有轴网，导致很难准确进行原点定位。导入后弹出的错误图元列表如图 6-9 所示，如果要修改错误的图元就要先删除图元重新绘制，带有附属图元的图元，比如墙上有门窗、洞口，附属图元会被一起删除，大大增加了修改时的工作量。在三维视图下检查构件情况发现部分墙丢失、所有窗和楼梯均丢失、幕墙错位混乱、梁丢失、断梁等情况，进行合法项检查后显示数百条出错构件，如图 6-10 所示，几乎墙柱梁板等所有的构件都要做不同程度的修改，任务量非常重，已经无法实现利用软件互导达到共享工程信息的目的。因此，考虑到 BIM 应用价值点与毕业设计时间要求，选择导入后错误相对较少的 GFC 文件。

图 6-9　错误图元列表

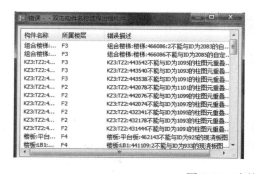 

图 6-10　出错构件列表

2) GFC 文件导入 GCL

Revit 导出 GFC 文件并不是在应用程序下拉菜单而是在"附加模块"执行操作，在 GCL 界面下，点击"BIM 应用"下拉菜单下的"导入 Revit 交互文件 GFC"，GFC 文件导入 GCL 流程如图 6-11 所示，导入工程同时生成"导入 GFC 工程记录"。

图 6-11　GFC 文件导入 GCL 流程

利用 Revit 软件建立土建专业模型，由于构件类别有限，在实际建模时通常使用替代构件或自定义族进行定义，参数化构件在 GCL 中没有工程量，这就导致上游的 BIM 模型不能很好地传递、应用到下游，难以实现三维设计模型与下游造价算量模型无缝衔接。本工程 GFC 导入 GCL 图元变化记录如图 6-12 所示。

图元变化记录							
楼层名称	导入前图元信息(GFC)			导入后图元信息(GCL)			备注
	构件类型	图元名称	Revit图元ID	构件类型	图元名称	图元ID	
第2层	墙	内墙-200	1035986	墙	内墙-200	527	导入后自动延伸
第2层	墙	内墙-200	1035959	墙	内墙-200	526	导入后自动延伸
第2层	墙	内墙-200	1035830	墙	内墙-200	521	导入后自动延伸
第2层	墙	内墙-200	1033023	墙	内墙-200	509	导入后自动延伸
第2层	墙	内墙-200	1033022	墙	内墙-200	507	导入后自动延伸
第2层	墙	内墙-200	1033013	墙	内墙-200	497	导入后自动延伸
第2层	墙	内墙-200	1033008	墙	内墙-200	487	导入后自动延伸
第2层	墙	内墙300	1033001	墙	内墙300	483	导入后自动延伸
第2层	墙	内墙-200	1032963	墙	内墙-200	193	导入后自动延伸
第2层	墙	内墙-200	1032979	墙	内墙-200	183	导入后自动延伸
第2层	墙	内墙100	1033021	墙	内墙100	179	导入后自动延伸
第2层	墙	内墙-200	1033004	墙	内墙-200	177	导入后自动延伸
第2层	墙	内墙-200	1033002	墙	内墙-200	163	导入后自动延伸
第2层	墙	内墙-200	1032973	墙	内墙-200	155	导入后自动延伸
第2层	墙	内墙-200	1032989	墙	内墙-200	141	导入后自动延伸
第2层	梁	楼梯_梯边梁 - 50mm 宽度-39	1036347	-	-	-	Id为 1399 的图元与Id为 1409 的图元完全重叠，自动删除
第2层	梁	楼梯_梯边梁 - 50mm 宽度-34	1036337	-	-	-	Id为 1389 的图元与Id为 1405 的图元完全重叠，自动删除
第2层	梁	楼梯_梯边梁 - 50mm 宽度-27	1036325	-	-	-	Id为 1375 的图元与Id为 1381 的图元完全重叠，自动删除
第2层	梁	楼梯_梯边梁 - 50mm 宽度-16	1036167	-	-	-	Id为 1353 的图元与Id为 1363 的图元完全重叠，自动删除
第2层	梁	楼梯_梯边梁 - 50mm 宽度-11	1036157	-	-	-	Id为 1343 的图元与Id为 1359 的图元完全重叠，自动删除
第2层	梁	楼梯_梯边梁 - 50mm 宽度-4	1036145	-	-	-	Id为 1329 的图元与Id为 1335 的图元完全重叠，自动删除
第2层	柱	TZ2	1035002	柱	TZ2	2551	导入后Id为 2551 的图元和Id为 2469 的图元有部分重叠，对其打断，使其不重叠
第2层	柱	TZ2	1035000	柱	TZ2	2549	导入后Id为 2549 的图元和Id为 2467 的图元有部分重叠，对其打断，使其不重叠
第2层	柱	TZ2	1034998	柱	TZ2	2547	导入后Id为 2547 的图元和Id为 2465 的图元有部分重叠，对其打断，使其不重叠

图 6-12　GFC 导入 GCL 图元变化记录

Revit 软件自身并没有同类构件重叠检查的功能，在实际建模时会出现很多同类构件模型有重叠布置的情况，导入广联达算量软件后，因为 GCL 具有重叠检查功能，就需要对 GCL 模型进行完善，同时再返回修改 Revit 模型。

由于 Revit 软件和广联达软件的模型绘制规则不同，本层梁板的位置在上一层，需通过调整标高或者块提取的方式进行修改，以便可以完整地提取当前楼层的工程量。

由于建立 Revit 模型时建模人员的绘制习惯不同，各块板之间有的留有缝隙有的未留缝隙，造成造价算量过程模板工程量不准确，当板间没有缝隙，在 GCL 汇总计算时就会提醒板重叠布置，需要对重叠布置的板进行拉伸。如图 6-13 所示，板在 Revit 不能整层布置，否则导入 GCL 后全部出错，都要删除重新布板。

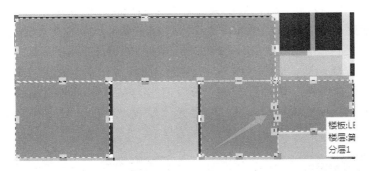

图 6-13　重叠布置的板

在 GCL 模型中会发现有断梁和超长梁，这些问题软件不具备检查功能，需要设计者自己识别，然后用延伸、打断命令进行修改。有的梁位置发生偏移，有的梁变成了异形梁，都需要设计者手动调整。土建模型中部分问题梁如图 6-14 所示。

在 Revit 建模时，按照构件绘制的楼梯导入 GCL 后，楼梯的梯段、梯梁和休息平台可以拆分。但是因 Revit 楼梯建模方式和 GCL 楼梯建模方式不同，因此导入之后楼梯是不规则体，楼梯属性不可编辑。按照草图绘制的楼梯导入 GCL 之后不会拆分为梯段、梯梁和休息平台，导入之后显示一个整体，且是不规则体，属性不可编辑，如图 6-15 所示。不规则图形无法计算工程量，因此，在 GCL 中要删除重新绘制。

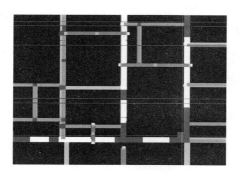

图 6-14　断梁、超长梁　　　　　图 6-15　楼体属性编辑框

土建模型导入 GGJ 出现如图 6-16 所示问题，要求设计者对照图元变化记录手动修改。此外，一些梁跨数错误，多出 0 跨的梁，这是因为支座不在梁的端头，支座外的部分成了悬挑梁，由于缺少支座变成悬挑的梁在端头处无法进行原位标注，需要设计者重新设置支座位置再进行钢筋标注。

图 6-16　GCL 导入 GGJ 图元变化记录

虽然 Revit 导出的 GFC 文件导入 GCL 存在诸多问题，但相对于 IFC 导入的结果错误较少，修改起来更加省时省力，更加符合广联达软件的交互需求。实现模型完善后，对构件添加清单、定额形成一份完整的 GCL 文件，GCL 三维图如图 6-17 所示。然后将 GCL 导入 GGJ，对柱、墙、梁、板、基础等进行钢筋布置，另外吊筋、附加箍筋等依据说明和设计图纸进行布置，圈梁、构造柱的钢筋在土建整楼生成时已经设置了钢筋，因此导入 GGJ 后圈梁、构造柱不必再进行布筋，GGJ 地下平面图如图 6-18 所示。最后导出钢筋及接头工程量表以便进行下一阶段任务。

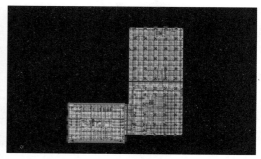

图 6-17　GCL 三维图　　　　　　图 6-18　GGJ 地下平面图

（4）广联达 GBQ 文件的形成

本次毕业设计 BIM 应用案例科技园工程计价文件依据《建设工程工程量清单计价规范》GB 50500—2013、《建筑工程消耗量定额》(2008)、《安装工程消耗量定额》(2008) 等相关计价文件，进行工程量清单的编制。

将广联达 GCL、GGJ 导出的钢筋和接头工程量表以及安装 GQI 导入广联达 GBQ 中，毕业设计成果要求分别提交土建、安装 GBQ 计价文件，因此土建和安装分开导入两个 GBQ 文件中，然后再补充未导入的项，填写项目特征，根据计价定额各章节说明，机械或人工乘以对应的调整系数，对土壤类别、钢筋做相应的换算，模板脚手架乘以超高调整系数等，来完善分部分项工程。在"人材机汇总"视图下，参照造价信息网发布的信息价调整人材机的价格，依据计价文件对措施项目、规费、税金进行取费，接着根据工程实际对其他项目进行取费，编制完成分部分项工程和单价措施项目计价表、总价措施项目计价表、其他项目计价汇总表、规费、税金项目计价表等报表。经调价取费后的费用汇总表如图 6-19 所示。

序号	费用代号	名称	计算基数	基数说明	费率(%)	金额	费用类别	备注	输出
1	一	A	分部分项工程费	FBFXHJ	分部分项合计		36,333,951.3	分部分项工程费		✓
2	二	B	措施项目费	CSXMHJ	措施项目合计		8,070,444.32	措施项目费		✓
3	2.1	B1	安全文明施工费	CSF_AQWM	安全文明施工费	13.5	155,174.27			✓
4	三	C	其他项目费	QTXMHJ	其他项目合计		4,810,543.69	其他项目费		✓
5	四	D	规费	D1+D2+D3+D4	工程排污费+社会保险费+住房公积金+危险作业意外伤害保险		3,018,737.43	规费		✓
6	4.1	D1	工程排污费	FBFXJF		0.12	43,600.74	工程排污费		✓
7	4.2	D2	社会保障费	D21+D22+D23+D24+D25	养老保险+失业保险+医疗保险+生育保险+工伤保险		2,229,911.77	社会保障费		✓
8	4.2.1	D21	养老保险	RGF+JXF	分部分项人工费+分部分项机械费	16.36	1,392,949.85	养老保险		✓
9	4.2.2	D22	失业保险	RGF+JXF	分部分项人工费+分部分项机械费	1.64	139,635.58	职工失业保险		✓
10	4.2.3	D23	医疗保险	RGF+JXF	分部分项人工费+分部分项机械费	6.55	557,690.80	医疗保险		✓
11	4.2.4	D24	生育保险	RGF+JXF	分部分项人工费+分部分项机械费	0.82	69,817.78	女工生育保险		✓
12	4.2.5	D25	工伤保险	RGF+JXF	分部分项人工费+分部分项机械费	0.82	69,817.78	农民工伤保险		✓
13	4.3	D3	住房公积金	RGF+JXF	分部分项人工费+分部分项机械费	8.18	696,474.92	住房公积金		✓
14	4.4	D4	危险作业意外伤害保险	JZMJ	建筑面积	150	48,750.00	危险作业意外伤害保险		✓
15	五		人工费动态调整	RGF	分部分项人工费	33	1,937,396.16			✓
16	六	F	税金	A+B+C+D+E	分部分项工程费+措施项目费+其他项目费+规费+人工费动态调整	3.477	1,883,528.21	税金	根据省内多数城市颁布的税金调整文件：市内：3.477%，县城：3.413% 其他：3.284% 其他税金文件不同地区，需要用户手动更改税金费率数值	✓
17	七	G	工程造价	A+B+C+D+E+F	分部分项工程费+措施项目费+其他项目费+规费+人工费动态调整+税金		56,054,601.2	工程造价		✓

图 6-19 费用汇总表

GCL 导入 GBQ 后，为了更加准确地套清单定额使计价符合实际，需要进行一定修改，比如脚手架分地上、地下套不同的定额，而导入 GCL 后所需脚手架的数量是合在一起的；本工程是桩承台基础，开挖深度大于 6m，虽然清单、定额对应正确，但桩间挖土、开挖深度超过 6m 机械台班必须乘以相应的系数；余土外运、回填土体积、边坡支护需要自导入后手动添加补充清单、定额项。总之计价过程比较繁琐，很多都是细节性的东西，因此要对使用的清单定额及计价计量规范十分熟悉。

（5）基于 BIM 的招标投标阶段应用

BIM 技术的推广与应用，使得招标投标管理的精细化程度和管理水平有了极大提高。在招标投标过程中，根据 BIM 模型，招标方可以准确地编制工程量清单，利用 BIM 模型得到的清单更加完整、算量更加快速精确，有利于避免漏项和错算等情况的发生，最大限度地减少施工阶段因工程量问题而引起的纠纷。

科技园 BIM 团队经过明确具体的任务分配及良好的合作，完成了 Revit 模型的建立，然后基于 Revit 模型导出 GFC 文件，再将 GFC 文件导入广联达土建后修改完善，再导入钢筋进行钢筋布置，最后将土建、钢筋导入广联达计价软件 GBQ，进行招标文件和招标控制价的编制。BIM 团队责任分工明确，在后期土建工程量出现问题时能迅速找到负责人使问题得到快速解决，团队合作的形式大大提高了工作效率。

在招标投标阶段，利用 BIM 所容纳的工程信息获取工程量，编制工程量清单、招标文件、招标控制价、技术标及商务标部分，并分析招标投标成果的合理性与准确性。

本工程招标文件以《中华人民共和国标准施工招标文件》（2010 年版）为模板进行编制，其文本部分主要包括招标公告、投标人须知、评标办法、合同条款及格式、技术标准和要求以及投标文件格式。本次毕业设计针对某科技园工程，重点编制内容为招标公告、投标人须知前附表、评标办法、专用合同条款以及技术标准和要求。编制依据为《中华人民共和国招标投标法》、《房屋建筑和市政基础设施工程施工招标投标管理办法》（建设部令第 89 号）、《中华人民共和国招标投标法实施条例》（国务院令第 613 号）、《建设工程招标控制价管理规定》、《建设工程工程量清单计价规范》GB 50500—2013 等法律法规及相关文件。

按照《建设工程计价依据——建设工程费用标准》，本工程的工程类别为二类工程，材料价格参照建设工程造价管理总站 2014 年第四季度葫芦岛市的信息价格，根据《建设工程工程量清单计价规范》GB 50500—2013、《房屋建筑与装饰工程工程量计算规范》GB 50854—2013 及造价文件编制招标控制价。

基于 BIM 的科技园工程招标控制价编制，借助设计阶段完成的 Revit 模型、GCL 模型、GGJ 模型提取工程量，导入广联达计价软件 GBQ，清单列项，套取对应定额，填写项目特征，得到完整的工程量清单，在此基础上进行询价，依据计价文件编制招标控制价，具体编制流程如图 6-20 所示。

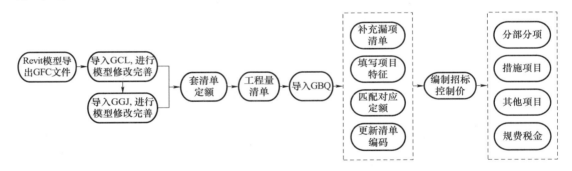

图 6-20 招标控制价流程图

本工程投标文件包括技术标和商务标两部分，技术部分内容有施工部署、施工现场平面布置图、施工方案、施工技术标准、施工组织及施工进度计划（包括施工段的划分、主要工序及劳动力安排以及施工管理机构或项目经理部组成）、施工机械设备配备情况、质量、工期、安全、文明保证措施；商务部分内容有法定代表人身份证明、法人授权委托书（正本为原件）、投标函、投标函附录、投标保证金交存凭证复印件、对招标文件及合同条款的承诺及补充意见、工程量清单计价表、投标报价说明、营业执照、资质证书、安全生产许可证等。在投标阶段主要阐述施工现场平面布置图及施工进度计划的实施过程。

施工现场平面布置图采用广联达施工现场三维场地布置软件，根据施工进度将场地布置图分为基础施工阶段、主体施工阶段和粗装修阶段。依据施工现场实际情况，按照有利于施工现场管理、合理组织运输、减少二次搬运及干扰的原则，经过对现场机械设备、临时设施的计算，进行各个阶段场地布置。广联达施工现场三维场地布置软件内嵌工程项目临时设施三维模型构件库，可以通过绘制建立模型，快速生成形象直观的三维模型文件，大大节省绘制时间。场布图可以进行三维施工场地漫游，更真实地观察体验施工场地的空间组织布置情况，有效解决施工场地出现的不合理问题。主体施工阶段场地布置如图 6-21 所示。

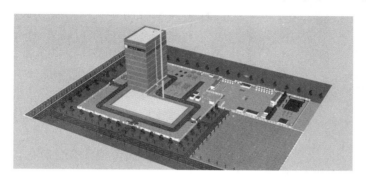

图 6-21　主体施工阶段场地布置图

根据施工图纸、施工条件、工作面要求等，进行施工工序 WBS 分解，确定合理的施工顺序与施工方法，结合科技园工程的工程量，按照劳动定额标准计算各个施工过程的工种人数、机械规格与数量及班制选择并确定持续时间，根据施工顺序、劳动量用量、施工段的划分和流水节拍，编制 Project 进度计划。进度计划编制流程如图 6-22 所示。最后，通过调整施工工序、不同流水段划分方式的进度对比，进行进度计划的优化以选择最优的进度计划方案。在 Project 中可以方便查看甘特图、关键路径、不同时间段的资源使用状况等，本工程 Project 进度计划如图 6-23 所示。

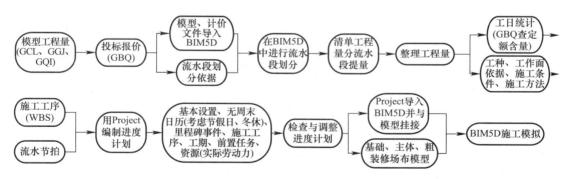

图 6-22　进度计划编制流程图

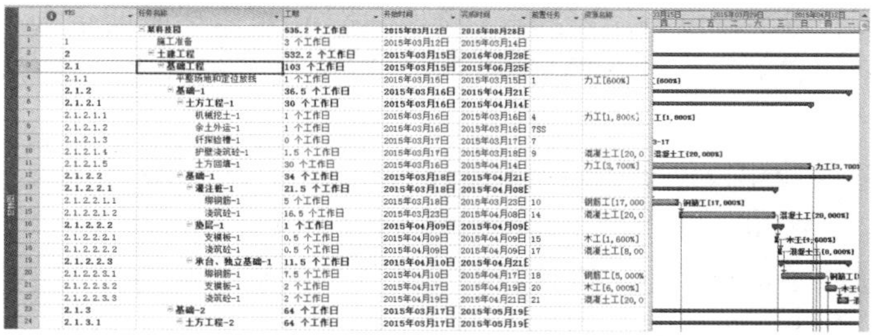

图 6-23　Project 进度计划

（6）基于 BIM 的施工阶段应用

施工阶段 BIM 技术的应用体现在广联达 BIM 模板脚手架设计软件和广联达 BIM5D。将 GCL 模型导入到模板脚手架软件中，软件会自动根据结构参数、材质参数和荷载预定义参数进行模板与脚手架自动布置，并实现模板自动配模和阶段、流水段材料用量的计算，且自动统计立杆、大小横杆及各种扣件的重量和数量统计用表及提供丰富的节点构造详图。一键输出平立剖面图和施工大样图，同时支持整楼、整层或任意位置的节点三维显示，实现三维交底与方案输出。该软件可以根据材料力学特点，提供最优模板脚手架材料利用方案，导出模板脚手架安全计算书，节约成本。模板脚手架模型如图 6-24 所示。

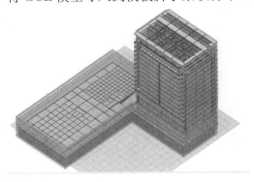

图 6-24　模板脚手架模型

模板脚手架软件会根据构件进行安全计算，以构件为单位输出安全计算书，详细分析每个构件的模板设置是否符合要求。软件成果可以与实际施工相结合，通过单个构件的计算书指导现场施工人员进行各个构件模板的配置和施工。但是，这项技术也有不完善的地方，软件无法进行模板工程量的统计，不能指导材料采购，如果只是单纯地将各个构件的模板消耗量进行汇总计算的话就会忽视周转情况，得不到真实的模板需求量，计算出的结果会高出真实数据，影响成本。如果这一点能够得到改善，增加材料清单，那么模板脚手架软件能够更好地指导施工和采购，发挥更大的效益。

BIM5D 软件首先导入多专业模型并进行模型匹配，实体模型按专业划分为土建、钢筋、安装，场地模型按阶段划分为基础施工阶段、主体施工阶段和粗装修阶段，导入完成后通过移动场地模型进行实体模型与场地模型的整合。然后添加 GBQ 预算书，执行清单匹配和清单关联，由于存在套用同一项清单而项目特征不同的情况，这就导致出现多匹配现象，后期与未匹配项进行手动匹配即可。模型视图下，可以自定义路线进行漫游，如图 6-25 所示，查看各专业模型的空间布局情况，有利于施工方合理确定施工方案。在流水视图下实现施工段的划分，依据流水段划分原则，基础及地下部分按后浇带分 3 个段，如图 6-26 所示，保证各段工程量大致相等便于组织流水施工，地上一层到机房层基于核心筒部分划分 2 个段，屋顶层不划分施工段。建筑施工是一个高度动态的过程，通过在 BIM5D 中导入进度计划继而进度关联模型，可以将建筑的时间信息与空间信息整合在一起，施工模拟动画演示直观形象地展示建筑施工过程。此外，可以对施工过程中的关键节点实行工况设置，加强施工管理与进度控制。物资查询功能使得可以按时间查询工程量，对于进度款的提取和资源采购意义重大。合约视图下，可以进行三算对比，随时查看盈亏和节超，便于合同管理。

BIM 在施工阶段应用模型集成困难在于 GCL、GGJ 和 GBQ 均成功导出 IGMS 文件并顺利导入 5D 中，但是 GQI 导出的 IGMS 文件电气专业无法导入 BIM5D，这是由于电气专业建立模型时忽略了建模规范，以致后期无法共享信息，需要改善模型后才可以实现模型的复用。各专业模型关联关系如图 6-27 所示。

第 6 章　工程管理专业 BIM 毕业设计创新实践教学改革案例

图 6-25　BIM5D 漫游

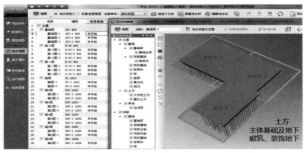

图 6-26　地下施工段划分

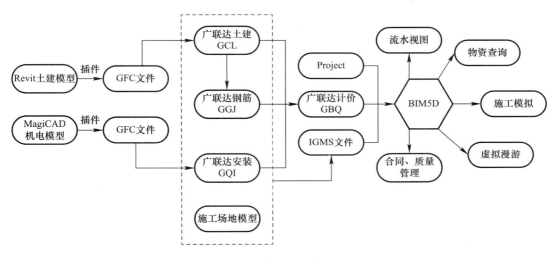

图 6-27　模型关联关系图

1）进度计划与模型关联：进度计划与模型关联时为了避免模拟施工时过于粗放需要按照每层的下一级去关联，由于科技园工程工序较多，楼层、专业、流水段、构件必须严格对应，关联时会花费很多精力与时间，否则部分工序将无法关联，不得不重新关联所有已关联项，在进度关联模型界面勾选"保留当前选择"可以节省部分时间。建议关联时分配两个人，一人操作一人检查，这样不仅能提高效率，也能提高准确性。

2）按流水段提取工程量：利用前期模型获取相对精确的工程量，工程量的精细程度为图元级别，但若按流水区域范围，无法快速提取工程量，单一通过建模软件提取工程量的工作过于繁琐，给现场流水提量带来极大困难。将模型集成至广联达 BIM5D 软件中，按现场实际情况快速绘制流水段，在施工过程中，选取相应流水段，可以快速提取流水段工程量、预算费用、分包费用和材料量，便捷高效，解决了项目按流水提量难的问题。

4. 学习反馈

结合问卷设置的调研方法，本次 BIM 毕业设计学习效果主要采用调查问卷和访谈法相结合，建模期间遇到的困难与经验如下：

（1）BIM 建模具体困难：1）应用 Revit 建立土建模型，对于初学者来说重难点在于各种构件族的建立；2）MagiCAD 协同方式选择；3）MagiCAD 导入 GQI 会出现不能导入对应专业中的情况,需要后续进行优化;4)互导过程出现构件丢失、重叠布置和参数化的情况;5)将多专业模型导入BIM5D,进行模型匹配以及清单的匹配与关联;6)GBQ项目特征的描述。

(2)BIM实践经验:1)组成BIM团队的成员应具备较好的专业知识;2)完善实验室设施便于团队工作;3)Revit建模先把图纸分配给不同的小组成员;4)按照专业分配MagiCAD机电建模;5)建模过程中及时做笔记记录难点疑点,要对图纸足够了解,做到准确识图,多与团队成员探讨,充分发挥团队效益。

通过本次BIM毕业设计,学生和教师分别针对各自所负责的工作做了经验总结,发现了一系列问题:

(1)基于学生的视角

1)部分学生单纯地追求三维建模软件带来的省时省力,并未深入了解和掌握手算需要的基本知识及基本技能,能够用软件导出计算结果却不知道原理。此外,识图基础薄弱,对算量规则把握不准,计价规范不熟悉[36]等问题突出。在现有的课程体系中设置BIM课程,增加了工程管理学生学习的难度。特别是对于很多软件知识基础薄弱的学生而言,应用BIM软件解决工程的设计、施工和管理问题,成为很多学生学习BIM的障碍。

2)由于BIM涉及知识面广、设计软件众多,学生课程学习压力大,而BIM课时安排相对较少,学生在软件操作过程中遇到的问题得不到及时解决,造成学生对BIM的积极性不高。

3)目前高校使用的BIM类软件主要有Revit、斯维尔、广联达、鲁班、欧特克等,高校使用的这些BIM相关软件存在兼容性问题。BIM软件的开发企业之间由于存在商业竞争而对各自产品技术保密,所使用的技术不一,一些软件之间无法互导使得信息传递受到阻碍,成为学生应用BIM软件的重难点,降低了软件使用效率和教学质量。

(2)基于教师的视角

1)BIM涉及较多的软件,知识体系庞杂,对高校教学设施要求较高。但是由于经费问题,大部分高校投入力度不足,难以更新升级已有的软件设备[37]。BIM适用教材较少,而且编写实用性、科学性的BIM教材相对困难[38],由于不同的院系有不同的人才培养目标和培养特色,因此,BIM知识体系在专业知识内的覆盖范围和学习要求也有很大的差异,需要编制适合自己专业特色的培养目标体系和BIM教材体系,短时间内难以实现。教师自身对BIM的理论讲解与技术应用尚有待提高,教师难以在现有的教学任务下挤出时间去深入学习BIM不断更新、与时俱进的技术,关于BIM专业性的教师资源匮乏。BIM包括了庞大的知识体系,而对于哪些知识或内容应该纳入BIM的课程体系,在教育界和行业内都还没有达成共识。由于没有可以参照的标准,增加了大学创建BIM课程体系的难度。按照教学的基本规律,如何把复杂的BIM知识体系进行分解,融合到交通工程管理专业大学一年级到四年级的课程体系中,形成有机的知识体系是比较困难的[39]。

2)BIM的知识体系是跨专业的,一个专业院系的老师很难懂得BIM的所有知识。BIM教学过程中,只能依赖于跨专业(或者院系)、多个教师的协作;而跨专业知识体系的衔接和配合,给院系协调带来了很大的困难。一般而言,非新建专业的培养方案经过多年的修改完善,各类课程已经进行了充分的实践检验,很难压缩现有的课时、提供部分课时给BIM的课程内容。把BIM知识体系纳入现有的课程给授课教师带来了更大的挑战。

一方面，部分教师可能会对课程中纳入 BIM 内容存在抵触情绪；另一方面，BIM 教学改革增加了教师的工作量，例如，学习 BIM 软件和知识，需要花费大量的时间和精力。

3) 在很多国家现有的教育评估指标中，还没有提出设置 BIM 课程内容的相关要求，大部分教师也就缺乏了 BIM 教学改革的动力。

6.1.3 案例总结与建议

本次 BIM 毕业设计案例研究提供了 RPOLCP 框架管理模型，归纳整合了 BIM 各设计阶段与专业课程的映射关系和交通工程管理专业本科四年所学课程，总结了 BIM 学习效果的影响因素，这次具体的实践为其他高校如何让组织管理 BIM 毕业设计、如何将 BIM 有效融入本科工程管理教学、如何检验教师 BIM 教学成果以及如何测评学生 BIM 学习效果提供了具体的示范，为工程管理专业 BIM 教学改革提供参考样本，具有很好的借鉴意义。

（1）通过整合达夫特 4MF 组织管理模型、BIM 毕业设计流程与交通工程管理"一体化课程"设置，提出交通工程管理 BIM 毕业设计 RPOLCP 框架，该框架将 BIM 与交通工程管理专业融合，依托毕业设计课程设置模式置身于组织管理视野范围内，基于团队学习案例导向，借助工程管理 BIM 毕业设计 RPOLCP 框架、BIM 各设计阶段与专业课程的映射关系，通过制订详细的毕业设计组织计划，分配任务后展开建模、算量、投标报价、虚拟建造等一系列工作，采用一体化案例课程实践，可以有效系统地整合工程管理专业本科四年所学的课程。

（2）实践案例证明本研究成果不但在具体操作层面为国内建筑或交通工程管理专业 BIM 教学改革提供参考样本，更重要的是回答了如何通过组织管理有效实现 BIM 与交通工程管理专业的深入融合与具体操作，提供了案例背景下 BIM 毕业设计如何详细开展的课程设置模式。这为高校交通工程管理专业思考怎样推动或适应建筑业 BIM 时代的发展，制定适合自己专业培养目标和人才培养特色的 BIM 教学改革方案，提供了系统的、具体的案例示范，具有很强的借鉴作用。

（3）建议工程管理专业在 BIM 课程设置时，在教学计划中，高校应该适当增加 BIM 课程的课时，尝试多种 BIM 课程设计模式，完善实验室设备以满足 BIM 应用需要；教师要适应教学改革，增加 BIM 专家讲座，提高学生对 BIM 的认知，加大 BIM 技术的普及力度；通过 BIM 类大赛、课程设计、实习等教学环节中引入 BIM 技术，引导学生自主学习 BIM 系列软件；尽可能采用一体化案例教学，强化 BIM 毕业设计的有效组织管理，正确面对 BIM 给我国工程管理专业教育带来的挑战。对于其他 BIM 课程设置模式，其实施过程和教学评价有待于今后进一步研究和丰富。

（4）基于 BIM 的工程管理专业毕业设计，采用"调查问卷＋访谈"的形式测评 BIM 学习效果，深入挖掘 BIM 学习效果影响因素，为工程管理专业 BIM 教学提供了经验和借鉴方向，充分激发学生的学习动机，提高学生自主学习能力，明确学习 BIM 所需要的先备知识，利用多种学习 BIM 的途径，合理安排在各种软件上耗费的时间，借鉴前人经验，总结教训，避免陷入建模困境，攻克重点难点，提升 BIM 团队质量，将影响 BIM 学习效果的因素结合起来，以毕业设计论文质量检验 BIM 学习效果，为高校教师的 BIM 教学考核提供了一种新的模式。当然这种模式还不够成熟，需要在未来的实践中不断改进完善。

应该借鉴 BIM 标准与实际情况为 BIM 融入教学体系后学习效果的测评建立更加合理完善全方位的评价体系。

提升 BIM 毕业设计学习效果建议：

第一，关于 BIM 团队的组建：根据调查问卷调查结果，团队成员必须具备扎实的专业知识，计算机软件应用能力及自学能力突出，沟通协调能力强，同时团队成员必须有较强团队意识，集体利益高于个人利益，要能有足够的时间精力放到团队协作中，避免进度拖延的情况发生。组建团队时，将 BIM 涉及的专业知识体系进行合理的分解分配给不同的成员，以便任务高效快速开展。

第二，学生学习方面：BIM 人才培养应该立足于首先熟练掌握专业基础知识，再掌握 BIM 操作技术。BIM 是交通工程管理专业人才从业的辅助工具，在 BIM 学习中不应该忽略专业知识的学习，只懂技术不懂原理的人才无法长足发展，要加强基础课程的整体理论把握与 BIM 的衔接，将理论应用于实践，而不是只会机械地操作软件。

第三，教师方面：与 BIM 知识体系相关的专业、院系以及教师之间加强交流合作，修订完善现有的培养方案，教师做到与时俱进、锐意改革，组建先进的教学团队，提高自己的 BIM 技能，学校要给予充分的资金支持和奖励。一方面，定期举行专业前沿讲座，增加学生对 BIM 的重视程度，学生提高对自身的要求，利用课余时间加强 BIM 学习；另一方面编制适合自己专业特色的培养目标体系和 BIM 教材体系，调整专业课程安排，编写或者选用合适的 BIM 教材，适当缩减一些陈旧教学内容的课时分给 BIM 课程。对于教学环境而言，必须配备计算机和相应的 BIM 软件，有真实的项目进行虚拟设计、施工和管理，提供仿真的工程环境，让学生能够真正地感受到工程实施过程中可能出现的问题以及基于 BIM 的有效解决措施。BIM 课程应尽量多地采用案例教学方法，BIM 课程教学过程中，如果能够用尽量多的真实案例实现项目的仿真设计、仿真施工、仿真造价计算、仿真 4D 进度计划编制、仿真 5D 成本管理等，将能够显著增进学生对 BIM 知识的理解，提高知识的应用能力。

第四，学校方面：高校应重视 BIM 教育教学，顺应社会、行业发展需要，加大教育设施经费投入，建设适应学生应用创新能力培养的校内 BIM 实践教学实训平台[40]。可以成立建筑信息模型工作室 BIMStudio，拓展 BIM 学习共享空间，大力推进网络慕课[41]。高校应继续开展 BIM 融入交通工程管理教学的研究，紧跟行业发展步伐，加大 BIM 教学投入，改善 BIM 应用实践教学环境。将复杂的 BIM 知识体系进行分解，融入大学四年课程体系中，在大一和大二阶段，主要集中于工程基础信息表达、工程设计的计算机建模以及 BIM 工具的技术层面；在大三和大四的中级和高级课程应关注 BIM 作为通用工程和管理课程的层面，专注于针对特定目的的 BIM 教学。

第五，加强师资队伍建设方面：培养具有较强创新应用能力的师资队伍。首先，鼓励教师走出去，参加与 BIM 技术有关的研讨会、培训班，提高教师对 BIM 技术的认识与了解。其次，学校多措并举，将掌握 BIM 技术的企业或科研机构请进来，通过开展学习交流活动，让不同层面 BIM 技术的应用成果在学校内得以呈现。通过开展专家讲座、课题引导、校企合作、专业竞赛等形式提高学生参与工程实践和学习 BIM 的兴趣，通过校企合作、专业竞赛过程中给予学生一定的加分奖励，激发学生学习热情[42]。

第六，政府及相关部门：应该着力研究并制定出有关 BIM 软件的统一标准，通过行业标准的制定和完善净化软件市场环境。同时，相关高校之间可以相互协作，共同开发信息交流平台，做到资源共享，提高 BIM 技术信息的流动性，从侧面降低 BIM 教学软件的兼容性问题带来的不利影响。将 BIM 教学纳入教育评估指标、教师教学评价机制中，制定有关 BIM 课程的要求，修订指导性、规范性大纲，完善有关教学管理文件等，为 BIM 教学开展提供必要的指导。

6.2　基于团队学习的工程管理 BIM 毕业设计教学改革与实践

6.2.1　基于团队学习的工程管理人才培养

"互联网＋""网络强国战略"背景下，建筑行业对 BIM 人才的需求持续升温。BIM（Building Information Modeling）是以三维数字技术为基础，集成建筑工程项目各种相关信息的工程数据模型，是对工程项目设施实体与功能特性的数字化表达。由于 BIM 的各种优势，BIM 技术已成为了建筑业信息化的第二次革命。《中国施工行业信息化发展报告（2014）：BIM 应用与发展》编写组对全国施工企业进行了关于 BIM 技术在施工行业中的应用现状的调查，结果表明我国建筑业缺乏懂得 BIM 知识的专业人员是建筑业进入 BIM 时代的瓶颈。

BIM 技术在国外高校培养较为成熟，美、英等国高校已开设相关课程。如德克萨斯 A&M 大学工程建设科学学院从 2004 年开始为本科生和研究生开设关于 BIM 的课程，主要是将 3D 或 2D 模型通过 Autodesk Revit、Google Sketch-Up、Navisworks 等相关软件最终集成 4D BIM 模型；科罗拉多州立大学施工管理系将 BIM 广泛应用于施工管理课程中，该系将现有计算机辅助设计（CAD）课程改为 BIM 课程，并整合到众多高年级的课程（例如：结构、安全、速度控制、施工方法）中。可以看出，国外众多工程管理 BIM 教育研究侧重于分析 BIM 课程设置方式、设置阶段以及课程内容，比如通过单一课程教学、联合课程教学，以及分年级 BIM 教学等。我国高校近年来也加大对 BIM 的科学和教学研究，高校目前的教学方式主要有 3 种：一是新开设一门有关 BIM 的课程，如重庆大学开设 BIM 概论、哈尔滨工业大学开设 BIM 技术应用；二是在现有课程体系中融入 BIM 的内容，如中南大学、陕西铁路建筑职业技术学院等开展 BIM 技术与虚拟仿真实验教学；三是进行一些 BIM 的培训，如大连理工大学举办 BIM 软件的培训等。可以看出国内绝大多数高校没有将 BIM 技术理念纳入本科教学，开设 BIM 软件课程的高校更是匮乏，并且形式较为单一。但形成共识的是，工程管理 BIM 教育通过实际项目训练，注重团队学习，可以更好地培养学生毕业后的工作技术和环境适应能力，快速地满足工作实际需求。

而团队学习（Team-based Learning，TBL）这种教学模式，比起传统模式更强调团队的作用，是一种自主性、任务驱动型的学习模式。这种教学模式早在 20 世纪 70 年代末就开始提出并逐渐引入高等教育教学之中，并在临床医学和计算机基础教学中得到了良好的教学反馈。基于此，文章试图将其引入 BIM 能力培养，旨在解决当前国内高校对学生的 BIM 能力教育普遍缺乏深度且效率低下的问题。模型以团队为基础，提倡通过自学阶段—讨论学习阶段（Readiness Assurance Process）—应用知识训练阶段（Application Exercises）—能力检测阶段（Ability Test）四个阶段来进行学习。在老师的指导下开展团队讨论，以促进学生利用团队资源进行自主学习，并通过将 TBL 教学模式与 BIM 人才能力需求结合构建了 Team-based for BIM 工程能力培养模型，试图为高校培养提供一个理论介绍外的范例。

6.2.2　基于团队学习的 BIM 工程能力培养逻辑

1. 工程管理专业 BIM 操作技能分析

一个完善的建筑信息模型（BIM），是对工程对象的完整描述，需要建筑专业、结构专业、机电专业和工程管理专业学生的协同合作。即不同领域的人才掌握足够的专业知识，并通过软件应用和技能实训转化为可以熟练操作的专业技能。其中，具体内容如图 6-28 所示。

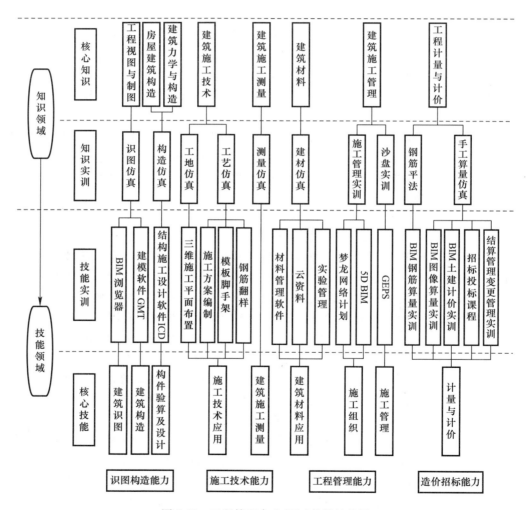

图 6-28　工程管理专业 BIM 软件技能图

基于此，构建的建筑信息模型（BIM）人才技能培养体系是以建筑信息模型为基础，由建筑学、土木工程、给水排水工程（暖通工程）、工程管理等相关专业学生分别承担产业链中各类角色,协同完成的一个人才培养学习体系。内容涉及工程设计(建筑设计、结构设计、日照分析)、绿色建筑分析(采光和节能分析)、工程造价(三维算量、安装算量、清单计价)和工程管理(施工组织设计、施工平面布置、项目管理)等多个方面。形成了用 BIM 系列软件进行作品展示、团队对抗,学生合作完成工程项目不同专业的模型创建的学习模式。

2. 团队学习理论

以团队为基础的学习(Team-based Learning,TBL)教学模式,源于团队学习(Team Learning)理论,其概念最早可以追溯到 Senge 的著作《第五项修炼:学习型组织的艺术与实务(The fifth discipline:The art and practice of the learning organization)》[43]。20 世纪 70 年代末被逐渐引入高等教育教学中,Michaelsen 等学者于 2002 年将其正式命名为一种新型教学模式[44]。

BIM 团队学习,以实际项目为对象,形成跨学科学生之间的 BIM 学习合作是解决此问题的典型做法。比如,奥本大学(Auburn University)为施工专业的本科生开设了 BIM 软件课程,并通过实践发现,学习 BIM 需要一系列核心技能,将 BIM 贯穿到一系列课程更能有效发挥作用[45]。内布拉斯加大学林肯分校(University of Nebraska Lincoln)在建筑工程、土木工程和施工工程三个专业从大一到大四各个阶段都开设了 BIM 课程,将其贯穿于整个大学的学习过程中。宾州州立大学(Penn State)建立了以 BIM 和 IPD(集成产品开发)为平台的一体化设计教学课程,针对建筑、设备、施工等专业开设相关 BIM 课程,以培养不同专业学生之间的协作工作能力[46]。这些学校在 BIM 跨学科学习上的尝试都取得了理想的培养效果。

郭苏华学者认为:团队学习模式(Team-based Learning,TBL)是以一个小型组织化的学习环境为条件,以引导学生自主探究、合作学习为抓手,以教师的有效教学和管理方式为手段,以提高学生的学习能力和综合素质为目标的一种学习模式[47]。王晓娟等学者将 TBL 应用在计算机基础教学,研究表明这是一种符合现代教学特点的教学模式[48];姜冠潮等学者在应用 TBL 后进行学生问卷调查(5 分量表,1 分不同意,5 分非常赞成)显示:团队中学习满意度(4.10 分)、利于职业发展(3.61 分)、利于提高学习质量(3.75 分)和临床思维培养(3.88 分)[49]。郑述铭学者在见习带教中恰当应用案例教学结合 TBL 教学的方法[50],得出了可以有效激发学生的学习兴趣和积极性,变被动学习为主动学习的结论。通过这些学者将 TBL 在临床医学和计算机基础教学中的应用,可以得到这是一个有效激励学生相互交流、协同进步的学习模式。

TBL 一般由四个阶段组成,如图 6-29 所示。第一阶段是自学阶段(Individual Preparation)。针对教学内容,教师确定学习目标,划定学习范围,学生课外独立学习,储备知识。第二阶段是讨论学习阶段(Readiness Assurance Process)。分成两个步骤:第一步,个人评价测试(Individual Assessment Test,IRAT),学生独立完成一份个人评价测试(IRAT),涵盖了所学习的主要知识点;第二步,团队评价测试(Group Assessment Test,GRAT),5~8 名学生的小组,检索资料并讨论 IRAT 问题,得出小组认可的答案(GRAT),并进行组与组之间争论,教师会对一致认可的答案进行评价与反馈。第三阶段是应用知识训练阶段(Application Exercises)。老师给出一系列需要学生应用所学知识去仔细分析才能回答的复杂测试题，学生以小组为单位共同研究，得出答案；再进行组间的争论；之后教师总结出全体的共识。第四阶段是能力检测阶段（Ability Test）。在这个阶段，老师通过具体的指标对每人的表现，包括对知识的掌握能力、发言主动性、分析表达问题等能力进行评价。

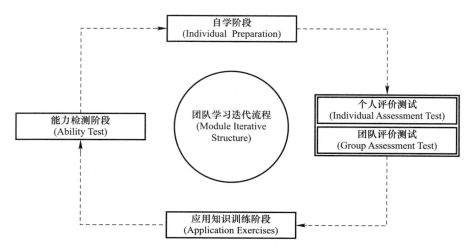

图 6-29　团队学习迭代流程图

基于此，建筑信息模型（BIM）人才技能培养体系，是以建筑信息模型为基础，由工程管理专业学生分别承担产业链中各类角色，协同完成的一个人才培养学习体系。内容涉及工程设计（建筑设计、结构设计、日照分析）、绿色建筑分析（采光和节能分析）、工程造价（三维算量、安装算量、清单计价）和工程管理（施工组织设计、施工平面布置、项目管理）等多个方面。形成了用 BIM 系列软件进行作品展示、团队对抗，学生合作完成工程项目不同专业模型创建的学习模式。

通过这种跨学科人才对 BIM 技术协同应用模式的学习，学生必须在一系列相互合作的问题上进行大量的 BIM 技术使用，教师也可以帮助学生解决障碍和特定案例的 BIM 问题。例如，教师可以为参与学生提供日常辅导，因为一些学生在 BIM 软件使用和项目模型架构方面没有太多的经验，而且具体内容比传统的 BIM 任务更复杂。在各学科学生进行团队对抗和学生合作时，可以有效增加跨学科 BIM 学习学生的沟通。其中欠缺经验的各学科 BIM 学生将获得的知识和技能应用于指导教师监督下的工程项目，通过大量 BIM 软件的使用增加了 BIM 技术的训练。

3. ABET BIM 学习认知评价

美国 ABET（Accreditation Board for Engineering and Technology）对工程管理（Construction Engineering and Management）的课程学习认知评价推荐使用 Bloom 教育目标分类法。Bloom 教育目标认知分类法自 1956 年提出后，在课程编制、教学设计和教育评价等领域得到了高度认可，被全球教育界广为采用。Bloom 教育目标认知分类法从低阶到高阶分为知道、理解、应用、分析、综合和评价六个层级，每个层级都有特定的意义和行为特征，其中分析、综合和评价属于高阶能力。本书结合工程管理 ABET 学习认知内容框架，将其应用在 BIM 团队学习中，给出 ABET 准则下的 BIM-Bloom 认知分类。具体界定如下：

（1）知道：已掌握 BIM 知识体系，包括对基础知识和核心知识的记忆；通过具体实训内容来强化理论，涉及知识广泛，可以通过选择找到适当的信息。

（2）理解：把握 BIM 知识体系具体内容的能力；可以通过软件练习和实训课程将知识转换为具体技能，并解释或总结、估计知识体系的未来发展趋势；进一步超越了简单记忆，代表了理解的最低水平。

（3）应用：具体使用 BIM 各种软件进行学习并整合 BIM 知识体系的能力；包括规则、方法、概念、原理、规律和理论的各种应用；需要一个更高的理解水平。

（4）分析：将 BIM 知识体系根据专业分解成各个组成部分，使整个 BIM 工程可以更好地被理解的能力；包括结构的设计计算、工程量的计算和计价以及各部分之间的联系分析，识别所涉及的各个组成部分的规则；代表比理解和应用更高的水平，因为它需要对知识内容和组成结构进行理解。

（5）综合：将 BIM 各个专业部分组合成一个工程整体的能力；类似一个作战计划（方案），强调各个专业创造性和完成度的行为，最终进行整合，主要侧重于整个 BIM 工程各个部分的配合完成。

（6）评价：根据确定的公正标准来判断整个 BIM 工程完成情况和物质价值的能力；包含所有组成专业各种元素的判定，再加以明确的标准价值判断。

基于此，对 BIM 团队学习的三维算量、机电 MEP、结构 YJK 和建筑设计四个模块进行 Bloom 认知等级分析，将每个模块的认知等级目标内容详细化，实现 BIM 团队学习的认知水平评价，具体见表 6-6。

BIM 团队学习 Bloom 认知等级分析　　　　　　　　表 6-6

模块	等级	具体内容
三维算量	1. 知道	列出整个工程项目土建和装修所需的算量规范及相关软件运用知识
	2. 理解	解释计算每个构件及建模方法的过程
	3. 应用	用三维算量软件建模，并导出所有的工程量，然后用清单计价计算价格
	4. 分析	分析整个项目在三维算量软件中得以建模呈现的合理条件
	5. 综合	设计了一个特定流程的三维算量建模系统
	6. 评价	对于一个指定的工程项目，比较并选用适合的软件建模方式，架构模型，并配置好每个构件的混凝土及钢筋，并决定一个最佳的选择
机电 MEP	1. 知道	列出整个工程项目机械、电气、管道所需的规范及相关软件运用知识
	2. 理解	解释计算每个构件及建模方法的过程
	3. 应用	用机电 MEP 软件建模，形成完整的模型体系，并导出所有的工程量
	4. 分析	分析整个项目的机械、电气、管道等各种体系在机电 MEP 软件中得以建模呈现的合理条件
	5. 综合	完整表述和设计一个机电 MEP 建模系统的特定流程
	6. 评价	对于一个指定的工程项目内的机电部分，比较并选用适合的软件建模方式，架构模型，并配置好每个构件的位置和架立方式，并决定一个最佳的选择

续表

模块	等级	具体内容
结构YJK	1. 知道	列出整个工程项目结构、材料设备所需技术规范及相关软件运用知识
	2. 理解	解释计算每个构件的建模方法和承载力计算的过程
	3. 应用	用结构YJK软件建模,并导出所有的工程量和相关力学分析
	4. 分析	分析整个项目在结构YJK软件中得以建模呈现的合理条件
	5. 综合	完整表述和设计一个结构YJK建模系统的特定流程
	6. 评价	对于一个指定的工程项目内的结构和承载力,比较并选用适合的软件建模方式和顺序,架构模型,决定一个最佳的选择
建筑设计	1. 知道	列出整个工程项目建筑外观所需的各种规范及相关软件运用知识
	2. 理解	解释计算每个规范达到的要求及建模方法的过程
	3. 应用	用建筑设计软件建模,辅以绿色建筑系列软件分析其他指标
	4. 分析	分析整个项目在建筑设计软件中得以建模呈现的合理条件
	5. 综合	完整表述和设计一个建筑设计建模系统的特定流程
	6. 评价	对于一个指定的工程项目,比较并选择适合的软件建模方式,架构模型,分析相关的合理指标并设计,并决定一个最佳的选择

注：本研究仅列举四种常见的 BIM 团队学习模块,具体实践中,BIM 团队学习模块及相应的 Bloom 认知等级分析可以根据实际情况进行增减调整。

4. Team-based for BIM 工程能力培养模型

通过整合 TBL 教学法与 BIM 相关能力培养,建立的 Team-based for BIM 工程能力培养模型如图 6-30 所示。

如图 6-30 所示,左侧为 TBL 教学方法流程,右侧为框架下的 BIM 各相关专业能力培养的具体内容,下侧为 ABET BIM 学习认知评价考评的六个等级。通过 Team-based for BIM 工程能力培养模型,可以比较直观地看出在学习 BIM 过程中完成 TBL 教学方法各阶段任务应掌握的技能以及对大学生能力素质的培养和提高。

6.2.3 基于团队学习的工程管理专业 BIM 毕业设计教改实践

1. 案例背景

本工程管理专业 BIM 毕业设计,是以建筑信息模型为基础,由工程管理等专业学生相互配合,承担不同角色分工,按专业领域分别负责工程设计（包括建筑设计、结构设计、日照分析）、绿色建筑分析（包括采光和节能分析）、工程造价（包括三维算量、安装算量、清单计价）和工程管理（施工组织设计、施工平面布置、项目管理）等多个方面。形成了用 BIM 系列软件进行作品展示、小组对抗,不同专业的学生合作完成工程项目模型创建,完成了项目上、下游之间的数据信息共享,建立起能在同一个数字空间表达工程设计、工程造价及工程管理等各专业信息的数据模型的学习模式。

案例来源于一个具体工程项目作品——重庆天宝寨幼儿园。该项目总建筑面积为 $4096.12m^2$,建筑高度：按《民用建筑设计通则》GB 50352—2005 计算为 $16.5m$,按《建筑设计防火规范》GB 50016—2014 计算为 12m；建筑层数：地上 3 层，局部两层。日最高时用水量：3.8m³，最高日用水量：36m³；市政服务水头：30.28m；设计日污水量：32.4m³，日最高时污水量 3.4m³；暴雨强度：按重庆市暴雨强度公式计算 $Q=1178.521\times(1+0.633\lg P)/(t+0.853)^{0.511}$；重现期：5 年；总设备电气设备安装容量：201kW；总计算容量：352kW。

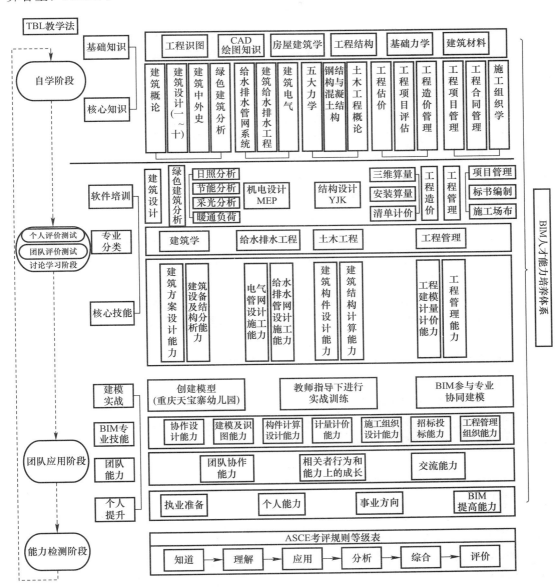

图 6-30　Team-based for BIM 工程能力培养模型

BIM 团队学习参加者共 50 人，每组 5 人，共计 180 天。采用的软件主要为建筑设计、结构设计、日照分析、采光和节能分析、三维算量、安装算量、清单计价、施工组织设计、施工平面布置、项目管理等。BIM 团队学习地点在沙盘实验室和工程管理机房，配有专业书籍、标准图集、钢筋平法、定额、有关国家标准、行业政策等。

2. 案例组织实施

本案例以内蒙古呼和浩特市内蒙古工业大学某毕业设计团队为研究对象，具体描述了 BIM 学习团队的具体学习流程安排。按照 TBL 四段论：得到任务自学阶段——个人、团队测验并交流——教师根据反馈进行指导并实战——学生能力掌握测评的步骤分析描述过程和内容。

学习结束后，选择内蒙古高校 2012 级参与 5 个月 BIM 毕业设计培养的 50 名学生为对象，进行问卷调查。在参考相关研究的基础上由作者自行设计问卷，内容主要涉及学生对 TBL 教学法的认同度评价。由作者解释研究目的和填写方法后发放问卷，同学们采用不记名方式填写，问卷当场收回。

BIM 学习过程历时将近 5 个月，共计 136 天。采用的软件主要为建筑设计、结构设计、日照分析、采光和节能分析、三维算量、安装算量、清单计价、施工组织设计、施工平面布置、项目管理等。由阶梯形阶段组成，TBL 教学法应用在 BIM 学习过程中，分为四个步骤：

（1）自学阶段：组建团队，明确团队总体任务，队员各自进行分项知识学习，掌握各自专业的核心技能，并对相关软件进行视频学习、模型建立训练。

（2）讨论学习阶段：首先对第一阶段个人的掌握能力进行简单的测验，而后团队有交叉负责内容的队友将知识分享融合，继续进行测验巩固。随后团队之间进行交流，就测验结果进行分析和漏洞弥补。

（3）应用知识训练阶段：由教师进行反馈教学，团队就反馈继续完成团队整体的真题实战、实际工程项目的模型建立。并就实战问题进行侧重讲解，实现应用训练并培养各个方面的能力。

（4）能力检测阶段：由老师按照 ASCE 的测评标准，对学生在 BIM 学习过程中知识和能力掌握的程度进行评价。

在引用到 BIM 的过程中，细化至每一个队员的具体任务流程和阶段性需达到的技能水平进行严格地把控。整个过程的学习使得除工程实践能力外，学生在 BIM 专业能力上也有了显著提高。时间安排的过程如图 6-31 所示。

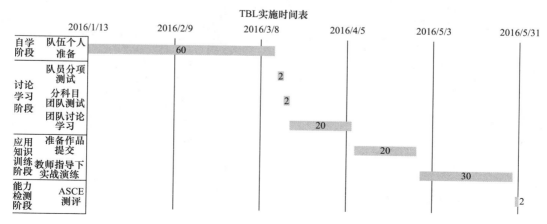

图 6-31　时间安排

3. 案例实践过程

队员以该工程项目二维平面图纸为原型,建筑学队员利用建筑设计软件进行三维展现和绿色建筑中日照、采光等数据分析;给水排水专业队员用机电 MEP 软件进行管道和水电的冲突检查及模型架构;土木工程队员就内部荷载用建筑结构 YJK 计算构件的承载力和稳定性,产出数据支持;工程管理队员运用三维算量软件产出的混凝土和钢筋量,安装算量软件产出的强弱电、进出水管、消防等内容的详细报表;以清单计价进行造价合计;最后以项目管理平面布置模拟施工现场,得到工期进度计划表并生成招标投标文件。具体成果如图 6-32 所示。

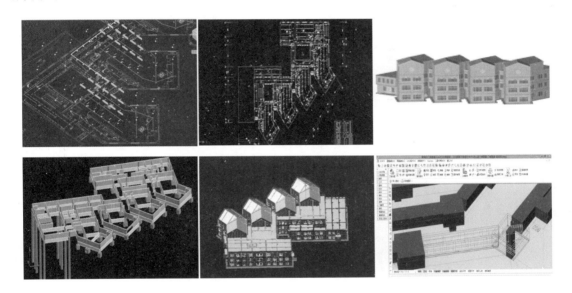

图 6-32 学生作品——天宝寨幼儿园模型

在这个过程中,负责不同专项的队员之间协同合作。在团队学习的过程中,注重团队交流,提升了团队默契度,补充了专业知识的遗漏,进行了修正学习,完善了队伍的知识储备。整个模型完成后,每个队员在自己的领域都完成了核心知识向专业技能的转化,并对其他相关领域有了初步的认知,达到了高校对 BIM 人才培养的要求。在本次实验中,TBL 的实施细化见表 6-7。

在自学阶段,即 TBL 的第一阶段中,个人准备见表 6-8。

通过 TBL 四个阶段的学习,队伍完成了整个项目模型的建立。在学习结束后,小组成员可以从对最初知识的简单理解到最后可以对指定的工程项目进行建模分析。在能力检测阶段,指导老师就整个模型的完成度和各个专业队员对自己领域的模型的认知和深层次应用对照 ASCE 测评表进行了打分。

其中,通过老师对队员的评价,队员对各个软件的应用频率和核心学习呈现出不同的能力等级,尤其是关联到专业核心能力的建筑设计、机电设计 MEP、结构设计 YJK、工程造价的三维算量和清单计价、项目管理都达到了评价的能力。但基本都上升到了高阶能力的阶段。不同专业 BIM 学习过程和应达到水准见表 6-9。

表 6-7　TBL 实施细化

阶段	活动	内容	具体工作	历时	开始时间	结束时间
自学阶段（TBL 第一阶段）	队员个人准备	根据各专业特点，进行核心知识和专业技能的准备，队员完成自己所负责内容的知识储备和软件应用	见表 6-8	60 天	201×.01.13	201×.03.13
讨论学习阶段（TBL 第二阶段）	队员分项测试	专业老师对五个队员就学习内容进行各科目测试	参加包括软件操作选择、简单建模、专业知识测试等在内的测验，以 70 分为及格，90 分为掌握良好为标准，判定队员学习情况和咨询侧重点	2 天	201×.03.14	201×.03.15
	分科目团队测试	知识交叉重合部分，由 2~3 名队员合作进行测试	给水排水队员与建筑学队员共同完成节能日照软件问题测验			
			给水排水队员与土木工程队员共同完成采光软件问题测验			
		掌握队员的配合能力，知识交叉处是否遗漏	工程管理队员与建筑学队员共同完成暖通负荷软件问题测验	2 天	201×.03.16	201×.03.17
			工程管理队员之间共同完成三维算量与清单计价之间软件衔接			
			工程管理与土木工程队员三人共同完成项目管理三部分软件合作问题测验			
	团队讨论学习	分析测验得出的问题，汇总知识缺漏，完善知识点	召开会议讨论，全员参与	20 天	201×.03.18	201×.04.07
应用知识训练阶段（TBL 第三阶段）	各专业协作建模	确定一套图纸完成整个模型，提升建模速度	完成每个队员负责项目，并提高建模过程中的信息流通速度	20 天	201×.04.08	201×.04.28
	教师指导下实战演练	进行实战训练，以 85% 正确率为达通过指标	以实际工程项目图纸为训练题目辅以题库为主，进行反复建模	30 天	201×.04.29	201×.05.29
能力检测阶段（TBL 第四阶段）	ABET BIM 测评规则	对学生进行 BIM 能力掌握的测评	提供针对每一个队员的具体标准，得到最终结果	2 天	201×.05.30	201×.05.31

注：其中图纸的选择，应以独立三层建筑为宜，建筑面积为 3500~4500m²。

BIM大赛备赛阶段个人准备表　　　　　　　　　　　　　　　　表6-8

	天数	给水排水	土木工程	建筑学	工程管理	工程管理
练习软件	12天	练习机电设计MEP软件，题库抽题自测	练习结构设计YJK软件，题库抽题自测	练习建筑设计软件，题库抽题自测	练习三维算量软件，题库抽题自测	练习安装算量软件，题库抽题自测
	11天	练习节能分析软件，题库抽题自测	练习施工现场平面布置软件，题库抽题自测	练习日照分析软件，题库抽题自测	练习项目管理软件，题库抽题自测 练习标书编制软件，题库抽题自测	练习清单计价软件，题库抽题自测
	6天	练习采光分析软件，题库抽题自测		练习暖通负荷软件，题库抽题自测		
	2天	总结完善，解决遗留问题				
掌握相关知识	10天	梳理从大一到大四所学专业课知识，誊写一份专业知识重点表，上交给各专业课老师补充，牢记内容				
		学习负责项目相关工程师资格考试内容，然后登录相关网站进行自测				
	7天	电气工程师	结构工程师	建筑师	造价员	
	10天	给水排水工程师	建造师	环境影响评价工程师	招标师	施工员
				暖通工程师		
	3天	总结完善，解决遗留问题				

老师依照ASCE标准评价表　　　　　　　　　　　　　　　　表6-9

	软件	等级	知道	理解	应用	分析	综合	评价
建筑学	建筑设计							√
	绿色建筑分析	日照分析			√			
		节能分析				√		
		采光分析			√			
		暖通负荷						√
给水排水	机电设计MEP							√
土木工程	结构设计YJK							√
工程管理	工程造价	三维算量						√
		清单计价						√
		安装算量				√		
	项目管理	项目管理						√
		标书编制				√		
		施工场布					√	

4. 案例应用反馈

最终选择内蒙古高校2012级参与5个月BIM毕业设计培养的50名学生进行学后问卷

调查。在参考相关研究的基础上由作者自行设计问卷，内容主要涉及学生对 TBL 教学法的认同度评价。由作者解释研究目的和填写方法后发放问卷，同学们采用不记名方式填写，问卷当场收回。

问卷中被调查的学生回答了 TBL 教学法是否新颖、对 TBL 教学法的评价和学生的感受等方面的 10 个条目，每个条目分 5 个等级（完全认同、基本认同、不清楚、基本不认同、完全不认同）。另设 1 个开放式问题，请同学们写出 TBL 教学在 BIM 技能培养方面的其他意见或建议。共发放 50 份调查问卷，收回 48 份有效问卷，有效回收率 96%。具体结果见表 6-10。

TBL 教学法的评价　　　　　　　　　　　　　　　表 6-10

TBL 教学法调查内容	5%	4%	3%	2%	1%
TBL 教学法能充分调动学生学习的积极性	37.5	50	12.5	0	0
TBL 教学法更富有创新性	60.4	31.3	8.3	0	0
TBL 教学法能促进课前预习	33.3	41.7	22.9	2.1	0
TBL 教学法能增强学生的团队意识	47.9	37.5	10.4	4.2	0
TBL 教学法促使学生建立自主学习的学习观念	29.2	41.7	18.8	10.4	0
TBL 教学法充分体现团队合作在学习中的优势	47.9	31.3	10.4	4.2	6.2
TBL 教学法能提高学生的掌握知识的效率	37.5	35.4	12.5	10.4	4.2
TBL 教学法促使学生查阅课外学习资料	20.8	52.1	14.6	12.5	0
TBL 教学法能提高学生运用所学知识的能力	41.7	35.4	12.5	10.4	0
TBL 教学法能提高学生的人际交往能力	18.8	37.5	43.7	0	0

注：5——完全认同；4——基本认同；3——不清楚；2——基本不认同；1——完全不认同。

调查表明在被调查的同学中有 87.5% 的同学认为 TBL 教学方法能充分调动同学们对于 BIM 学习的积极性，认为 TBL 教学法能增强学生团队意识的达到了 85.4%，其中关于 TBL 各调查内容的认同度均超过 50.0%，多数调查内容的认同度接近或超过 2/3，其中 TBL 教学法富有创新性的认同度最高，达到 91.7%。

参加本次毕业设计的学生对 TBL 教学法的意见或建议主要为：在工程管理专业学生进行 BIM 毕业设计过程中，这种教学方法需要充分的课前准备和师生双方的配合才能获得好的效果；在对工程管理专业 TBL 学习中，老师应该给学生提供更多的资源（如学习网站、参考资料目录等）。学生认为刚开始还不适应这种教学，尚需要一个过程。但总的来说，参与调查的学生认为，它优于传统教学模式，并对工程管理专业 BIM 人才技能培养的顺利开展做出了巨大的贡献。

6.2.4　案例总结与建议

1. 案例总结

毕业设计过程中，团队队员通过学习 BIM 技术，接受 BIM 培训。对 BIM 的管理组织结构有了一定的认识。跨学科 BIM 软件合作运用是一项复杂的、循序渐进的过程，是多种专业知识综合在一起，经缜密策划进而实践的过程，涉及项目参与各方、各专业、各级执行人员等多方面关系，需要每个队员都要不遗余力的通力合作，运用高效的沟通能力去协调各方关系，发扬团队合作精神方能在 BIM 学习过程中对各个软件进行熟练地应用，最终取得良好的成果。同时，发现学生在以下四个素质方面有显著提高：

（1）初步科学研究和实际工作能力

学生在建模过程中自主学习有关的书籍规范，了解项目图纸含义，选定最优方案。队伍中的每个个体如果独立思考和解决实际问题的能力较强，可以省去队伍在低级问题上时间的浪费，极大提高了团队水平。

（2）软件运用能力的提高

学生拿到图纸自主分析、自主设计，由传统教育中被动的接受者转变成展现自身才能的主动软件运用者。而自学能力对模型的完成度和速度有着决定性的影响，同时，利用计算机辅助解决问题的能力也会在不断的锻炼中得到提高。

（3）团队协作能力的提高

学习过程队员根据自身的能力以及专业知识分工明确，遇到问题时一起作答，遇到分歧及时沟通交流。从团队利益出发，学会协商，学会合作，从而培养了学生的团队协作能力。

（4）调查研究、信息收集和整理的能力

由于 BIM 内容高于课本知识的拔高性，单纯拘泥于学校知识肯定是不够的，当团队队员在比赛中遇到棘手的问题时，现有知识无法解决，会主动利用多种渠道进行求助，从而拓宽知识面。

2. 案例建议

完成此次毕业设计后，同学们回顾学习历程，认为可以得到如下改善：

（1）团队内各位学生应及早做好毕业设计准备工作，在自己的角色定位中掌握相关知识。在布置毕业设计任务以后，提前熟悉 BIM 执行计划指南，熟悉 BIM 执行流程。学习 BIM 软件操作，包括建模过程以及 BIM 应用过程。

（2）毕业设计开始就要确定好一套完整的毕业设计执行计划安排及分工表，团队学习分工需要各位队员进行详细的商定，根据个人能力和角色定位做好分工。分工包括每人安排的任务以及确定完成任务的大致时间（必须先学习建模以及别的 BIM 软件使用，才可以在分工时候正确确定工作量来安排计划）。

（3）严格按照制订的计划进行，尽量要求团队成员在一起推进毕业设计，这样的团队工作模式，加强交流的同时也起到相互鼓励督促作用，迅速推进整个毕业设计的顺利进行。

（4）切勿眼高手低，学习建模视频，视频中简单易操作，实际操作中冒出各种小问题，耗时耗力。应在建模学习的过程中多进行实践操作，提前解决导图识别中钢筋符号、CAD 导入字体包后钢筋符号文字显示等问题。

6.3 基于结果导向的工程管理 BIM 工程能力培养教学改革与实践

6.3.1 结果导向的工程管理人才培养

根据 McGraw-Hill[51] 于 2012 年所做的 SmartMarket 报告可知，有 71% 的建筑企业

在使用 BIM，2009～2012 年增幅高达 49%，但是现有 BIM 培养模式却远不能满足当前行业发展对 BIM 工程能力人才的需求[52]。BIM 工程能力人才缺乏制约 BIM 应用的深度推广，这迫使高校 BIM 教育必须行动起来，保证 BIM 工程能力人才持续、稳定的供给。培养高质量的人才，从而推动社会的全面发展是高等教育的重要功能之一，而在我国的新型工业化进程中，工程管理人才特别是掌握 BIM 技术、拥有国际竞争力的复合型高素质工程管理人才的缺乏已经成为工程建设项目进展的瓶颈，这归根于我国工程管理教育的不足。

培养 BIM 工程管理者是一项具有挑战性的工作。首先是对 BIM 的理解，BIM 并不简单是一个新型的建筑软件或者工具，了解在项目全寿命周期中 BIM 如何参与各方合作过程是十分重要的。其次，要明确当前信息技术正处在快速变革阶段，课堂上讲授的包括BIM 应用在内的建筑技术在不久的将来都面临着更新的可能，因此，大学教师更应该注重培养学生的自我学习能力。最后，BIM 是不断发展而非固定不变的，在培养过程中，独立性和批判性的思考是值得鼓励的。

国内在教育领域的教学方法研究硕果显著，如适合国内数据素质教育的"教学—评估反馈—优化—再教学"的生态教育链[53]、融合互联网思维的高职院校职业教育课程体系[54]及"双螺旋"创客教育系统[55]等。鄢娟[56]认为高等教育可以看作以接受教育的主体为服务对象的复杂"生产过程"，这个生产过程的各个环节彼此制约发展形成教育产业链。刘莉雯[57]从经济学分析商务英语在教、学过程中的经济成本与未来经济效益之间的"投入产出"因果链，两人均认为高等教育是有投入产出的生产活动，但是并未明确高等教育对产出结果的要求，也并无说明产出过程中学生综合能力的分阶段提升情况。

为培养满足行业发展和社会需求、符合学生个人能力和发展的工程领域人才，以结果为导向的 OBE（Outcome-based Education，也称为成果导向教育）获得了国内外学者的共识。出于对教育的适用性和教育成果的反思，OBE 于 1981 年被 Spady 率先提出[58]，其基本原理是：所有学习者均成功，其基本假设是所有学生都是有才干的，每个学生都是卓越的。

OBE 一经提出便获得国际上的广泛重视，至今已成为美国、英国、加拿大等国家进行教育改革的主流理念，被 ABET 全面接受，业已证明是高等工程教育改革的正确方向。结果导向的工程管理人才培养是以培养目标为导向，指导学校和教师对工程管理专业学生的培养过程，强调以学生为中心，强调教育的主要成果不是考试分数的提高，而是学生将理论知识应用于实践的能力、适应未来行业变化的能力。

6.3.2 结果导向的 BIM 工程能力培养逻辑

1. 工程管理专业 BIM 工程能力的培养目标

实行结果导向的教育模式，有一个重要的问题需要解决：明确教学目的，即培养目标。王贵成等人指出，OBE 教育模式的主导目标应该定义为学生的生涯与专业成就[59]。根据 ALIKN 等人[60]提供的 BIM 能力矩阵（图 6-33），BIM 意识、价值定位、行业面临的挑战、BIM 标准、方法和程序、合作能力、互操作性、BIM 工具掌握及软件识别是 BIM

相关职业所需要的基本技能。美国工程院也提出面向 2020 年的工程师必须具备分析能力、实践经验、创造力、沟通能力、管理能力、伦理道德和终身学习能力等。LEITEF[61]指出工程管理专业的 BIM 课程应使学生达到如下 6 项能力：（1）了解 BIM；（2）了解建筑全寿命周期内的 BIM 工作流；（3）了解基于模型的成本估算过程；（4）掌握 4D 模拟；（5）应用 BIM 减少建筑工程的错误和发布命令；（6）可交流在建筑全生命周期中 BIM 应用有关的想法。

		Industry BIM Skills/Knowledge/Competencies/Capabilities Matrix 各行业分阶段BIM能力矩阵图											
		Private Client 私人客户	Public Client 公共客户	CEO 首席执行官	CIO 首席信息官	Architect 建筑师	Architectural technologist 建筑技术专家	Building Services Engineer 建筑装备工程师	Construction Manager 施工经理	Project Manager 项目经理	Structural Engineer 结构工程师	Civil Engineer 土木工程师	Building Surveyor 建筑测量师	Quantity Surveyor 预算估料师
Strategic 策略	BIM Awareness/Overview BIM意识/总观													
	Value Proposition 价值定位													
	Industry Challenges 行业挑战													
	BPR 业务流程重组													
	Economic/Environmental Drivers 经济/环境驱动力													
	Benefits Analysis 效益分析													
Management 管理	BIM Awareness/Overview BIM意识/总观													
	Value Proposition 价值定位													
	Industry Challenges 行业挑战													
	BIM Execution Plan BIM执行计划													
	Business Systems Analysis 业务系统分析													
	Standards,Methods & Procedures BIM标准、方法与程序													
	Collaboration 合作能力													
Operations 操作	BIM Awareness BIM意识													
	Interoperability 互操作能力													
	Managing Compliance 管理合规性													
	BIM/Collaboration Tools BIM/合作工具													
	Software Evaluation/Selection 软件评估及选择能力													

图 6-33　BIM 学习成果矩阵

结合上述研究成果，将工程管理专业的 BIM 工程能力的培养目标定位为：具有 BIM 意识，专业核心价值观，拥有直面行业未来挑战的能力，具有团队合作和跨专业沟通能力，具备自我指导学习和独立思考能力，掌握 BIM 标准、方法和程序、BIM 工具及识别能力的 BIM 工程人才。据此以目标反向指导投入和活动，倒推 BIM 毕业设计指导过程，构建适合高校 BIM 教育的综合能力培养路径模型。

2. 工程管理专业 BIM 工程能力培养逻辑框架

世界银行"结果链（Result Chain）"评价分析模型即基于结果的管理模型，其理念是将主体的目标与实际行为联系起来，并在目标完成的全过程中始终遵循结果链这一理念，以期高效率地实现目标。

Result chain 模型强调以"结果"为导向，分为投入、活动、产出、结果和长期结果 5 个环节（图 6-34），作为一种新兴的管理方法，其有效性已在应用于各个领域的过程分析中得以验证，尤其成为医疗卫生领域绩效评估的常用框架模型[62-64]。

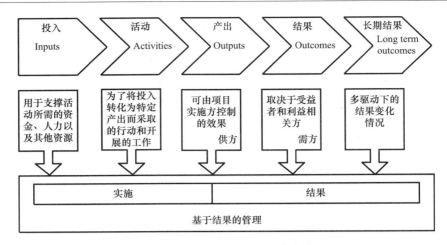

图 6-34 世界银行结果链逻辑框架

学生、教师和管理是影响毕业设计质量的三大因素[65-66]。学生态度不认真、投入精力有限，指导教师不重视、缺乏教师认真指导的工作流程和激励措施，管理体制上缺乏具体的操作规范，这些原因都使得毕业设计的实际作用大打折扣。因此，引入 Result Chain 模型，以学生和教师的发展为最终结果，规范 BIM 毕业设计管理操作流程，构建适合高校 BIM 教育的综合能力提升路径模型。

作为一种新兴的管理方法，结果链的有效性已在各个领域的过程分析中得以验证，尤其成为医疗卫生领域绩效评估的常用框架模型[62,64]。Result Chain 模型因与 OBE 理论上的协同性可作为教学框架模型，很好地支撑 OBE 的实施。采用结果链逻辑框架进行建模，构建 OBE-Result Chain BIM 工程能力培养逻辑框架如图 6-35 所示。

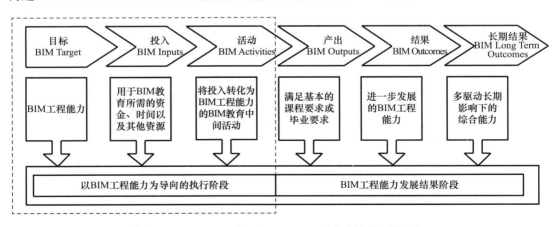

图 6-35 OBE-Result Chain BIM 工程能力培养逻辑框架

3. PBL 教学方法

严谨的培养逻辑、明确的培养目标、合适的教学方法是 BIM 工程能力培养逻辑的重要因素，直接决定 BIM 工程人才的培养结果。PBL（Problem-based Learning，PBL）从以老师传授知识和方法为主转向以学生自我指导学习为主，是面向任务的学习——在遇到问题时，学生通过彼此合作或教师指导，在完成任务的过程中获得提升。PBL 也同样适用于工程教育，可培养出具有自我学习能力和多学科交叉型工程人才。问题导向学习（PBL）与 OBE 均强调以学生为中心，具有教学方法上的高度协同性，因此可用于 BIM 工程能力的培养过程中。

PBL 包括三个基本要素：(1) 针对现实问题进行研究学习；(2) 以学生讨论为主，必要时教师给予指导和反馈；(3) 是合作学习而非竞争学习，团队共享最终成果。尽管 PBL 与 OBE 具有教学方法上的高度协同性，但目前还没有 OBE-PBL 的教学方法应用于 BIM 工程教育活动中，因此在 BIM 教育实施过程中本书将探讨 OBE-PBL 的 BIM 工程教育活动。研讨式教学、启发式教学、问题式教学等都是 PBL 教学模式在工程类教学中的具体体现[67]。

对各学生小组以 PBL 教学方法设计中间活动，组织过程包括 5 步：提出问题（教师提出或学生发现）→归纳假设（学生）→收集资料（学生主导，教师指导）→论证研究（学生提出并验证解决方法，教师指导）→反思总结（学生主导，教师指导）→提出新问题……据此开展以学生为中心的合作式、交流式和反馈指导式的 BIM 教育中间活动以形成高效的 BIM 学习组织，有助于教师与学生之间、学生与学生之间的知识传播和共享（图 6-36）。

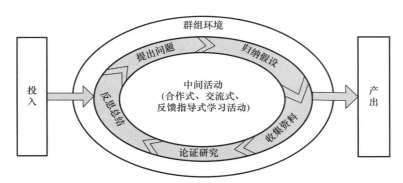

图 6-36　PBL 教学组织中间活动

4. 结果导向的工程管理专业 BIM 工程能力培养路径

以 OBE 为教学理念，即以 BIM 工程能力培养目标指导 BIM 教育投入和活动，以 PBL 教学方法指导 BIM 工程能力教育中间活动，以 Result Chain 逻辑框架为管理方法，将 BIM 工程能力培养目标与培养过程联系起来，在教育的全过程中始终遵循 OBE 理念，构建结果导向的工程管理专业 BIM 工程能力培养路径模型如图 6-37 所示。

结果导向的 BIM 工程能力培养路径模型共分为目标、投入、活动、结果（直接影响、中期影响、长期影响）4 个主要环节。该模型的理念是将主体的目标与实际行为联系起来，并在目标完成的全过程中始终遵循"以结果为导向"这一理念，"以学生为中心"的思想指导中间活动，并根据作用时间及影响范围，将教育结果分成直接影响、中期影响和长期影响三个阶段。直接影响是教育的直接产出满足企业和社会对毕业生的基本要求，中期影响是满足毕业生在该领域的进一步发展，而长期影响是影响毕业生个人发展和专业成就的个人能力和专业核心价值观的形成。

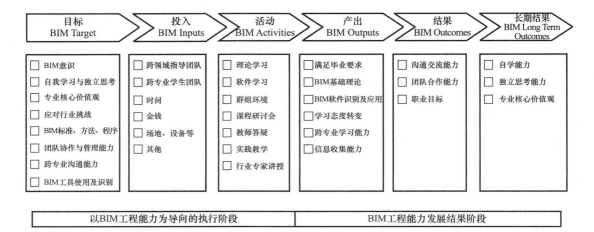

图 6-37　结果导向的工程管理专业 BIM 工程能力培养路径模型

（1）BIM 工程能力培养投入元素

教育，尤其是工程管理教育，要求知识的融合性，分裂化的知识无法帮助学生应对复杂的工程情况。BIM 的培养过程应以解决实际问题为着力点，而不仅仅是教授本专业的知识，"学校指导、企业教师、学生自学"的三维跨界整合是 BIM 教育的内在教育环境。"群组环境"是为保障以学生为中心，激发学生自主学习知识、解决问题的外界环境。

1）学校指导、企业教师、学生自学的教育环境

结果导向的工程管理专业 BIM 工程能力培养路径模型将互联网思维中的跨界思想融合到 BIM 教育过程中，建立跨学科的教师团队、跨领域的校企合作和跨专业的学生团队，跨界整合营造适合 BIM 工程能力培养的内在教育环境。

BIM 的指导教师以有相关工作经验的教师为先，在每一个阶段引入相关内容教学的教师，组建成一个跨科目的教学团队，教师为解决问题而讲授知识，而不仅仅为了传授知识而传授知识。学校应整合学校资源，引进社会资源，组建 BIM 相关工作人员和高校教师联合的跨领域的 BIM 指导团队，定期邀请有 BIM 工作经验的企业人士在校培训，有利于教师更好地把握教学方向，学生也能从实践应用中了解 BIM 的价值和应用范围。基于问题的学习（PBL）是 BIM 工程能力培养的基本指导方法，为完成给定的 BIM 任务，学生需与不同专业的学生——土木工程、工程造价和工程管理专业交叉组队，共同合作才能解决问题完成任务，亦可针对问题进行交流学习，达到系统化和深入化的学习目的，进一步实现教育的多样化培养。

2）BIM 工程能力培养的环境保障

合作学习对以实践教学为主的 BIM 教育的重要性业已得到国内外学者的广泛认可[68]。为保证群组环境和群组指导效率的科学性，BIM 学习小组组员人数需在 5～9 人之间[69]，为保证知识的有效传递，每个小组应包括至少一名参与 BIM 大赛、掌握 BIM 软件的学生，以学生之间的相互学习为主，教师和行业专家指导为辅。为达到 BIM 工程能力培养的目标，学校还应保证小组的学习时间，并提供多媒体教室和配置电脑等。

（2）BIM 工程能力培养中间活动

以结果为导向是 BIM 教育的特点，据此开展以学生为中心的合作式、交流式和反馈

指导式的 BIM 教育中间活动以形成高效的 BIM 学习组织，有助于教师与学生之间、学生与学生之间的知识传播和共享。

以学生为中心的合作式、交流式和反馈指导式学习活动不是独立分开而是相辅相成的，合作式和交流式学习活动以 BIM 学习小组为基本单位，学生之间的相互指导和学习有利于组群内的知识共享；BIM 学习小组中指导教师与学生之间是互动的关系，采用案例式、启发式、互动式的教学方法鼓励学生自主分析问题和解决问题，学生群组解决无法解决的问题由教师进行反馈性指导。

（3）BIM 工程能力培养产出结果分析

BIM 教育的重点不在于理论知识分数的提高，软件学习（Revit、ArchiCAD 等）和操作技能这种直接产出的获取，其最终目标是对个人发展和职业生涯的影响。

1）直接影响

直接影响是指 BIM 教育综合能力培养路径模型中，学生所获得的直接产出，侧重于专业技能与 BIM 的融合，对 BIM 基本概念的理解和基本技能的操作，满足毕业的基本要求。要完成 BIM 学习任务单纯拘泥于课堂知识是不够的，以学生为主的 BIM 学习小组模式对学生的自学能力、信息收集、信息整理的能力是一大考验，小组成员个人能力在不断发现问题、解决问题的锻炼中得以提高。同时群组环境也为组员之间的知识共享和合作交流提供平台，培养了学生的沟通和团队协作的意识。

学校侧重于知识型人才的培养，通过指导学生如何查阅文献及寻找问题的解决方法，可使学生具有初步的科学研究能力；而企业需要毕业就能独当一面的实战型人才，BIM 学习任务完成的过程可使学生初步具备参与实际工作的专业技能能力。此外，以学生为主的培养模式可转变学生的学习态度，由被动学习转变为主动思考、发现问题、寻找解决问题的方法，为中期影响和长期影响打好基础。

2）中期影响

中期影响指直接影响之外的，对个人能力和认知的初步提升，侧重于管理技能与 BIM 的融合，达到工作和生活的进一步要求。

因专业背景不同，BIM 学习小组对组员之间的协调与配合有更高的要求，该教育模式采用"以学生为主、师生共同参与和团队协作"的指导模式，提供人际互动平台，强调学生与学生之间、学生与教师之间的平等交流，有利于加强学生的人际沟通能力和团队合作能力。

跨学科教师团队和跨专业学生团队，为学生提供了了解不同专业工作特点的平台，同时 BIM 技术的掌握也为学生的职业发展提供更多新的机会[70]，多方向和多任务的 BIM 学习要求使学生提前对各个维度的工作进行尝试，对职业方向和职业目标更加清晰。

3）长期影响

教育的理想在于，时间不是花费在那些可以很快获得的技能上面，而应该花费在这些技能背后的基础逻辑上。学生只有学会了观察和思考的方式，才能在漫长的职业生涯中更好地应对不断变化的职业挑战。在结果导向的 BIM 工程能力培养模型中，学生的沟通合作能力会在步入社会后进一步发展完善，构成个人综合能力的一部分。此外在完成 BIM 学习过程中，小组成员不断发现问题、寻找解决问题的方法，主动学习和思考能力得到进一步锻炼，有助于毕业生在职场具有较强的自学能力和逻辑思考能力，提升专业竞争力，培养终身学习的能力和意识。比如课程任务完成过程中主动学习 BIM 相关软件，有助于学生在职场快速学习和掌握其他建筑软件[71-73]。

专业核心价值观是 BIM 优秀从业人员的必备品质，是为将来从事该专业所建立的一种品质要求，是 BIM 教育培养层次的最高层次[74]。在 BIM 工程能力培养路径中专业核心价值观可以从各专业的先修课程中获取，如工程经济中的理性，项目管理中的应变能力，工程招标投标中的严谨等；也可以从其中间活动中获取，如小组合作中的合作交流，反馈式学习的辩证，软件学习的求知欲等；指导教师良好的职业道德和认真工作的敬业精神同样影响着毕业生，帮助毕业生更好地面对社会，培养职业素养，树立积极向上的人生态度[75]。

6.3.3 结果导向的工程管理专业 BIM 毕业设计教改实践

1. 案例背景

内蒙古工业大学在课程设置中加入 BIM 理论及基础软件的介绍，毕业设计以工程图纸和有关文件为依据，为公司编制基于 BIM 的工程管理文件及模型。毕业设计的方向共有 5 个，分别为：基于 BIM 的三维建模、基于 BIM 的商务标编制、基于 BIM 的技术标编制、基于 BIM 的造价管理、基于 BIM 的施工全过程管理，如表 6-11 所示。毕业设计要求工程管理专业学生与工程造价和土木工程专业自由组队，每个小组同时至少选择三个方向作为毕业设计，其中方向 1 和方向 2 为必选，方向 3 至方向 5 至少选择一个。

毕业设计方向及完成任务汇总表　　　　　　　　　　表 6-11

序号	毕业设计方向	完成任务
1	基于 BIM 的三维建模	利用建模软件建立工程（土建或安装专业）三维模型，并计算工程量
2	基于 BIM 的商务标编制	利用完成的工程（土建或安装）进行计价及工程商务标编制
3	基于 BIM 的技术标编制	利用完成的工程土建及安装三维模型，进行碰撞检查，编制工程施工组织设计、专项施工方案及动画模拟，最终完成案例工程技术标的编制
4	基于 BIM 的造价管理	利用完成的工程土建三维模型，编制进度计划，最终完成工程造价管理的相关工作
5	基于 BIM 的施工过程管理	利用完成的工程（土建或安装），进行施工全过程管理的相关工作

2. 投入分析

（1）教育环境

每个小组配以 CAD 专业绘图、给水排水、工程造价和工程管理 4 类专业课共计 20 名指导教师。以指导过大学生 BIM 设计大赛的教师为教师团队组长，BIM 毕业设计指导分布图如图 6-38 所示。学校 CAD 课程专业老师对学生的基本画图能力进行一些技巧性的指导，主要侧重快捷键的讲解来提高学生的画图速度。其他专业课老师作为毕业设计的辅助老师为学生提供了大量有用的 BIM 资料，并随时为学生解答完成毕业设计过程中遇到的专业问题。

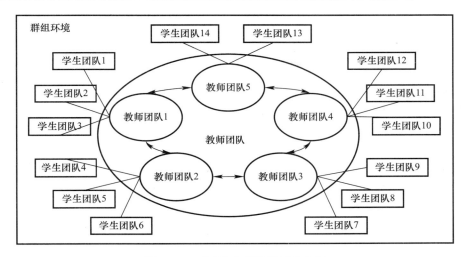

图 6-38　BIM 毕业设计指导分布图

客串讲座和企业教师指导的案例研究为学生提供与行业专家交流的机会，从实践经验中学习，并加强可应用于现实实践的知识学习。学院邀请斯维尔 BIM 公司软件推广员工，为参与 BIM 毕业设计的学生讲解比赛所涉及软件的基本介绍、演示它们的主要功能，并承诺将全程无偿提供技术支持。

教师和行业专家可参与学生的研讨，并视情况给予积极的反馈指导。各专业的指导教师每周定期对学生进行培训，以满足不同毕业设计方向对知识的不同要求。BIM 行业专家对师生进行了 BIM 软件操作教学和案例讲解。

BIM 毕业设计学生团队由工程管理、工程造价和土木工程三个专业 114 名毕业生组成，共分为 14 个小组，成员人数 8～9 人，保证了科学有效的群组环境。学生在开始毕业设计前需要复习巩固毕业设计所需的先修理论知识，加快学生对后期所需软件和理论知识的理解掌握的速度。每小组中至少分配一名参加过大学生 BIM 设计大赛并掌握大赛所需软件及其类似软件应用的组员作为小组内部的主要技术指导者。由工程管理、工程造价和土木工程跨专业组建的毕业设计小组对沟通协作的要求更高，因此各小组组长每周提交小组工作计划，制定详细任务分工表，做好组内成员的沟通协作工作。

（2）客观保障条件

BIM 毕业设计有充足的实践保障。毕业设计于 11 月底开题，具体进度安排如图 6-39 所示，第一次答辩成绩排名最后 30％的小组实行二次答辩制度。

各小组需制定详细的毕业设计实施计划。绘制毕业设计横道图，成果与检查时间点需与上图一致且不得调整，其余可适当调整。小组每周提交的周度工作计划和上一周工作总结，严格按照时间进度执行，否则不予准许进行后续工作。

同时学校也为师生提供满足 BIM 毕业设计的教学条件，如为毕业设计小组提供多媒体教室和语音室，用以教师授课、小组会议等活动（图 6-40 和图 6-41）。

3. 过程分析

BIM 毕业设计是一个比较新鲜的方向，学生可借鉴的资料相比于已经成熟的毕业设计方向较少，BIM 毕业设计对师生之间的知识传播和知识共享有更高的要求。BIM 毕业设计中间过程以合作式学习、交流式学习和反馈学习式活动为主，有利于知识传播和知识共享。

	工作名称	开始时间	持续时间	成果与检查	1	2	3	4	5	6	7	8	9	10	11	12	13	14	15	16	17	18
1	资料收集及英文翻译	第1周	4周	前期成果检查	■	■	■	■														
2	提交工作计划、识图能力培训	第5周	1周						■													
3	建模、编制设计任务书	第6周	3周	阶段性检查						■	■	■										
4	编制施工组织设计	第9周	2周										■	■								
5	编制招标控制价	第11周	2周	中期检查											■	■						
6	编制资源需求量计划	第12周	2周													■	■					
7	虚拟建造和结算管理	第13周	2周														■	■				
8	排版、打印毕业设计	第15周	1周	提交所有设计															■			
9	格式审查与交叉评阅	第16周	1周																	■		
10	第一次答辩	第17周	1周																		■	
11	第二次答辩	第18周	1周																			■

图 6-39　BIM 毕业设计横道图

图 6-40　小组模式参与教师授课

图 6-41　行业专家讲授及小组学习

以 PBL 教学方法设计组织中间活动，以 BIM 三维建模能力培养为例，（1）教师提出问题：基于 BIM 的技术标编制需完成的基础工作；（2）归纳假设：BIM 三维建模；（3）收集资料：确定首先要进行 BIM 三维建模，确定所需软件为鲁班土建、鲁班钢筋、鲁班安装、Project＋进度计划等；（4）论证研究：识别所需 BIM 建模软件，建立土建与安装三维模型进行碰撞检验和动画模拟等；（5）反思总结：是否完成基础工作，软件是否基本掌握。每周的小组会议主要由组员之间汇报工作进度，对近期工作进行反思总结，将问题的解决方法记录在案，形成组员的学习资料，当问题无法解决时小组邀请指导教师进行反馈性指导答疑。小组成员汇报工作的过程是对自己学习的再次回顾过程，学生之间的合作交流保证每位成员对整体毕业设计任务的熟悉度，为中期检查和答辩做好了前期准备。

专业核心价值观是 BIM 优秀从业人员的必备品质，是为将来从事该专业所建立的一种品质要求，是 BIM 教育培养层次的最高层次。它可以从中间活动中各专业的先修课程中获取，如工程经济中的理性，项目管理中的应变能力，工程招标投标中的严谨等；也可以从其中间活动的学习过程中获取，如小组合作中的合作交流，反馈式学习的辩证，软件学习的求知欲等；指导教师良好的职业道德和认真工作的敬业精神同样影响着毕业生，帮助毕业生更好地面对社会，培养职业素养，树立积极向上的人生态度。

4. 学习反馈

对 114 名毕业生进行问卷调查，采用 Likert 五分量表法设置受调查对象对选项的态度得分，对选项：很不满意/很不清晰、不满意/不清晰、一般、满意/清晰、非常满意/非常清晰，共 5 种不同的态度得分分别是 1、3、5、7、9。在 BIM 毕业设计开始前、过程中及完成后三个阶段分别对受调查者进行问卷调查，以 SPSS17.0 进行数据分析，结果表明数据的信度与效度合格，并计算产出、结果和长期结果中的能力得分平均值，按能力变化的增长幅度对各调查选项进行排序，结果汇总见表 6-12。

问卷选项得分及排序汇总表 表 6-12

结果	调查项目	BIM 毕业设计参与前	BIM 毕业设计参与中	BIM 毕业设计参与后	排序
产出	BIM 工作流的了解程度	4.25	5.83	7.41	3
	BIM 管理的了解程度	4.33	5.74	7.56	2
	BIM 技术的了解程度	3.94	5.43	7.21	1
	图纸阅读能力的满意度	5.07	5.94	6.61	9
	空间理解能力的满意度	4.78	6.07	7.23	6
	建筑结构理解的满意度	5.25	6.07	7.06	5
	跨专业学习能力的满意度	4.93	6.48	7.54	8
	软件应用能力的满意度	5.21	5.79	7.02	4
	信息搜集整理能力的满意度	4.84	6.15	7.55	7
结果	沟通能力的满意度	6.33	7.12	8.31	3
	团队协作能力的满意度	5.29	7.72	8.45	1
	职业目标的清晰度	4.83	6.35	7.32	2
长期结果	自学能力的满意度	6.37	7.12	7.97	3
	独立思考能力的满意度	4.68	6.35	8.12	2
	专业核心价值观的清晰度	4.37	6.78	7.87	1

对比 BIM 毕业设计参与前与 BIM 毕业设计参与中和参与后三阶段的问卷调查发现，所有选项中选项 A（很不满意或很不清晰）的选择率由 8.89% 下降为 0。从同一受调查群体的三个阶段的问卷调查来看，结果导向的 BIM 工程能力培养路径对学生的 BIM 工程专业技能和个人综合能力的满意度均有较为明显的提升。

（1）专业技能的提升

综合来说，BIM 毕业设计使学生的专业技能得到普遍的提升，其中对 BIM 的理解、对建筑结构及空间理解能力、对软件应用能力的满意度提升较为明显。100% 受调查者表示 BIM 毕业设计有利于复习和巩固所学的先修专业知识，对 BIM 工作流、BIM 管理及 BIM 技术的理解也有显著提高。对建筑结构及空间理解能力的调查发现，工程管理和工程造价两专业的学生在 BIM 毕业设计完成后对该能力的满意度由趋于"一般"上升到"满意"，得分平均值为 7.5；BIM 毕业设计完成后，81.82% 的受调查者对自己的软件应用能力满意度为满意和非常满意。

(2) 个人能力的提升

从毕业生进行 BIM 毕业设计完成后的问卷调查发现，BIM 毕业设计培养模式使毕业生在工作中注意培养与他人的沟通和团队协作意识，使毕业生更好更快地适应工作，完成毕业生到职业人员的顺利过渡。

针对多项选择题"20. 您认为参与 BIM 毕业设计使您哪些方面（沟通能力、团队协作能力、对职业目标的认识清晰度）得到有效提升？"63.64% 受调查者表示与他人的协作能力得到较大提升，45.46% 的受调查表示与他人的沟通能力得到较大提升。在多项选择题 20 中，89.47% 的受调查者认为对职业目标的认识清晰度得到有效提升，与 BIM 毕业设计开始前的调查结果对比发现，学生对职业目标的清晰度由趋于"一般"上升到"清晰"，职业目标清晰度得到了较大提升。

(3) 专业核心价值观的形成

在问题"您认为参与 BIM 毕业设计使您哪些方面（自学能力、独立思考能力、对本专业核心价值观的清晰度）得到有效提升"的调查中，72.73% 的受调查者选择自学能力，81.82% 的受调查者选择独立思考能力，86.84% 的受调查者选择对本专业核心价值观的清晰度。在对生活和人生态度选项的调查中，相比于 BIM 毕业设计参与前，受调查群体在毕业设计完成后对务实、科学选项上升 30%，理性选项上升 19%，达到严谨选项上升 10%。这说明随着专业核心价值观的建立，学生对生活和人生的态度也受到影响。

6.3.4 案例总结与建议

1. 案例总结

(1) 现有 BIM 工程管理人才的教育模式已不能满足当前行业的发展需求，将 OBE 教学理念引入到 BIM 工程教育中，基于 Result Chain 构建 BIM 工程能力培养逻辑，可有效对接行业需求，为 BIM 工程管理人才培养提供新模式[76]。

(2) 根据目前 BIM 教育不实用的特点，以英国 BIM 学习成果矩阵为基础，综合考虑文献分析结果，确定 BIM 工程能力学习目标，并以 PBL 为教学方法指导 BIM 工程能力教育活动，最终构建结果导向的 BIM 工程能力培养路径模型。实证研究证明，结果导向的工程管理专业 BIM 工程能力培养路径模型可用于本科 BIM 毕业设计的指导工作，对培养 BIM 工程管理人才具有较强的可行性。结果导向的工程管理专业 BIM 工程能力培养路径模型是对传统教学模式的改进，适应 BIM 教育对实践性的更高要求[77]。

2. 提升 BIM 毕业设计学习效果的建议

第一，对于 BIM 毕业设计团队的组建建议：工程管理专业学生主动邀请工程造价、土木工程专业学生组队，并由工程管理专业学生担任小组组长。团队成员必须有扎实的理论知识，至少有一人是参加过 BIM 大赛并具备熟练的 BIM 相关软件操作能力，以保证小组中知识流的正常传递。小组成员必须要有足够的团队意识，积极主动完成自己的任务，以保证团队的进度。

第二，对于教师团队的建议：首先教师要及时更新知识，鼓励教师指导 BIM 设计大赛、积极参与行业 BIM 交流和 BIM 培训班，提高 BIM 应用能力；其次，教师应转变教学心态，BIM 毕业设计中以学生主动咨询为主，教师应发挥引导者和指导者的作用，避免传统专业教学中以教师为主的教学心态；最后，将指导过程视为自己的再学习过程，在解答学生疑问时，教师可对其专业知识进行系统梳理，以指导自己对低年级学生的授课重点[78-79]。

第三，对于学生的建议：对 BIM 毕业设计的指导发现，学生要想快速开展 BIM 毕业设计，需要有扎实的专业知识，因此学生在毕业设计前期应主动回顾先修理论知识，以小组为单位，主动向指导教师咨询专业问题。OBE 的教育理念是以学生为中心，教师为指导，因此学生必须转变被动学习的学习习惯，提高主动学习能力。此外，由于 BIM 对建筑过程的管理作用与工程管理专业未来职业发展更加匹配，建议小组组长由工程管理专业学生担任，工程管理专业学生需要付出更多的精力处理团队的协调工作。工程造价和土木工程专业学生也是 BIM 工程能力培养的主要对象，结果导向的工程管理 BIM 工程能力培养同样适用于工程造价和土木工程专业，学生在 BIM 毕业设计的完成过程中同样能具备未来行业所需技能和能力。

第四，对于学校的建议：学校要发挥对 BIM 教学的引导作用，定期邀请企业 BIM 应用专家和 BIM 相关理论研究专家，在学校开展学习沙龙活动，使教师和学生都能及时了解 BIM 在不同层面的应用成果，直观了解 BIM 的行业需求，提高师生主动学习 BIM 的兴趣。组建工程管理专业 BIM 课题组，根据 BIM 毕业设计指导过程中学生普遍存在的问题，针对性地调整原有课程安排，在原有课程体系中加入相关 BIM 介绍。在大一和大二阶段，主要强调 BIM 理论和基本操作的学习，大三和大四阶段，以 BIM 应用能力为主，增加大三阶段的 BIM 教学课时和配备相应的计算机教学场地，保证学生在 BIM 毕业设计之前具有实际的 BIM 操作能力。

参 考 文 献

[1] 叶民，孔寒冰，张炜. 新工科：从理念到行动［J］. 高等工程教育研究，2018，（01）：24-31.
[2] 王斌，高江波，陈晨. 面向"新工科"大学人才培养的思考［J］. 教育探索，2018，（01）：52-55.
[3] 陆兴发. 新工科视域下大学生综合创新能力提升的教学设计探讨［J］. 赤峰学院学报（自然科学版），2018，（01）：149-151.
[4] 胡波，冯辉，韩伟力，等. 加快新工科建设，推进工程教育改革创新——"综合性高校工程教育发展战略研讨会"综述［J］. 复旦教育论坛，2017，15（2）：20-27.
[5] "新工科"建设行动路线（"天大行动"）［EB/OL］. http：//www. moe. gov. cn/s78/A08/moe_745/201704/t20170412_302427. html.
[6] 林健. 面向未来的中国新工科建设［J］. 清华大学教育研究，2017，38（02）：26-35.
[7] 李薇薇. 新工科，打造培养"大国工匠"摇篮［N］. 中国教育报，2018-03-21.
[8] 王义遒. 新工科建设的文化视角［J］. 高等工程教育研究，2018，（01）：16-23.
[9] 刘元亮，魏宏森. 来自科学技术前沿的报告［M］. 北京：清华大学出版社，1996.
[10] FRANK P，MATTHIAS B，RALF A，et al. ABET Engineering Criteria 2000，Criteria for Accrediting Programs［J］. 2003，16（08）：48-51.
[11] 徐照，李启明，杜静，等. 面向核心能力培养的工程管理专业信息技术课程体系的构建［J］. 高等建筑教育，2014，23（06）：32-37.
[12] UNDERWOOD J，KHOSROWSHAHI F，PITTARD S，et al. Embedding building information modelling（BIM）within the taught curriculum：supporting BIM implementation and adoption through the development of learning outcomes within the UK academic context for built environment programmes［J］. Automation in Construction，2013，21（11）：71-77.
[13] SUCCAR B，SHER W. A competency knowledge-base for BIM learning［J］. Australasian Universities Building Education Association，2014，2（2）：1-10.
[14] SUCCAR B，SHER W，WILLIAMS A. An integrated approach to BIM competency assessment，acquisition and application［J］. Automation in Construction，2013，35（11）：174-189.
[15] KIM J L. Use of BIM for effective visualization teaching approach in construction education［J］. Journal of Professional Issues in Engineering Education & Practice，2012，138（3）：214-225.
[16] KREIDER R G，MESSNER J I. The uses of BIM：classifying and selecting BIM uses［J］. State College-Pennsylvania，2013，36（08）：37-51.
[17] RUSSELL D，CHO Y K，CYLWIK E. Learning opportunities and career implications of experience with BIM/VDC［J］. Practice Periodical on Structural Design and Construction，2014，19（1）：111-121.
[18] LEE N，DOSSICK C S，FOLEY S P. Guideline for building information modeling in construction engineering and management education［J］. Journal of Professional Issues in Engineering Education & Practice，2013，139（4）：266-274.
[19] KIM K，TEIZER J. Automatic design and planning of scaffolding systems using building information modeling［J］. Advanced Engineering Informatics，2014，28（1）：66-80.
[20] YONG H A，CHO C S，LEE N. Building information modeling：systematic course development

for undergraduate construction students [J]. Journal of Professional Issues in Engineering Education & Practice, 2013, 139 (4): 290-297.

[21] FORSYTHE P, JUPP J, SAWHNEY A. Building information modelling in tertiary construction project management education: a programme-wide implementation strategy [J]. Journal for Education in the Built Environment, 2013, 8 (1): 16-25.

[22] LU W, PENG Y, SHEN Q, et al. Generic model for measuring benefits of BIM as a learning tool in construction tasks [J]. Journal of Construction Engineering and Management, 2013, 139 (2): 195-203.

[23] 丁凯, 张运凯. 浅析 MOOC 在 BIM 教学中的应用 [J]. 中国教育信息化, 2015, (14): 16-17.

[24] 熊佳慧, 吴姣丽. 基于 MOOC 的混合式教学模式设计 [J]. 课程教育研究, 2015, (27): 32-33.

[25] SINGH H. Building effective blended learning programs [J]. Educational Technology, 2003, 43 (6): 51-54.

[26] GRAHAM C R. Blended learning systems: definition, current trends, and future directions [M]. Pittsburgh American Academic Press, 2006.

[27] BERSIN J. Blended learning: finding what works [J]. Bersin & Associates, 2003, (25): 46-49.

[28] KHAN B. Managing e-learning strategies: design, delivery, implementation and evaluation [M]. Information Science Publishing, 2005, 53 (3): 424.

[29] 冯领香. 工程管理专业 BIM 教学模式探索研究——基于产学研相结合的视角 [A]. 第二届全国 BIM 学术会议 [C]. 中国广东广州, 2016.

[30] 刘照球, 李云贵. 土木工程专业 BIM 技术知识体系和课程架构 [J]. 建筑技术, 2013, 44 (10): 913-916.

[31] 陈延敏, 李锦华. 国内外建筑信息模型 BIM 理论与实践研究综述 [J]. 城市, 2013, (10): 72-76.

[32] AZHAR S, SATTINENI A, HEIN M. BIM undergraduate capstone thesis: student perceptions and lessons learned [A]. the 46th ASC Annual International Conference [C]. Pittsburgh American Academic Press, 2010.

[33] （美）达夫特. 组织理论与设计: 第 11 版 [M]. 王凤彬等, 译. 北京: 清华大学出版社, 2014.

[34] 潘姗. 工科生项目学习效果研究——以 H 大学《光机电认知实习》项目学习效果评价为例 [D]. 武汉: 华中科技大学, 2014.

[35] 李庆. 关于高校教学管理工作的问卷调研及师生需求分析 [J]. 教育教学论坛, 2016, (12): 11-13.

[36] 李瑞贤. BIM 技术对工程造价教学的影响 [J]. 山西建筑, 2016, 42 (25): 239-240.

[37] 李童. BIM 技术在土建专业教学中的应用现状及建议 [J]. 住宅与房地产, 2016, (27): 147-149.

[38] 赵爽, 梁广东, 郭海滨. BIM 视角下地方高校工程造价专业人才培养体系初探 [J]. 中国建设教育, 2016, 36 (04): 51-53, 58.

[39] ZHANG J X, XIE H Y, LI H. Exploring the cognitive structure and quality elements: building information modeling education in civil engineering and management [J]. International Journal Of Engineering Education, 2016, 32 (4): 1679-1690.

[40] 刘红勇, 何维涛, 黄秋爽. 普通高等院校 BIM 实践教学路径探索 [J]. 土木建筑工程信息技术, 2013, 5 (05): 98-101.

[41] 郑小侠, 徐志超, 尹贻林. BIM 对高等院校工程造价专业人才培养的冲击及对策研究 [J]. 建筑经济, 2016, 37 (05): 115-120.

[42] 王芳, 张志强. 融合 BIM 技术的应用型土木工程专业实践教学平台的优化与应用 [J]. 高等建筑教育, 2016, 25 (01): 155-157.

[43] 彼得·圣吉. 第五项修炼: 学习型组织的艺术与实务 [M]. 郭进隆, 译. 上海: 上海三联书店, 1994.

[44] MICHAELSEN L K, SWEET M, PARMELEE D X. Team-based learning: small group learning's next big step [M]. New York: John Wiley and Sons Inc, 2008.

[45] 张雪, 陈三波. 将 BIM 技术融入工程管理专业课程的思考 [J]. 河南科技, 2013, (17): 269-280.

[46] 李雪, 马小军, 刘建峰. 美国 BIM 教育及虚拟设计与施工课程设置概况 [J]. 现代建筑电气, 2013, 4 (12): 1-5.

[47] 郭苏华. 论团队式学习模式 [J]. 教育发展研究, 2007, (18): 84-86.

[48] 王晓娟, 周虹. "合作学习" 教学模式在计算机基础教学中的探索与研究 [J]. 科技信息, 2008, (35): 185.

[49] 姜冠潮, 周庆环, 陈红. 基于团队的学习模式 (TBL) 在医学教学方法改革中的应用与思考 [J]. 中国高等医学教育, 2011, (02): 8-9.

[50] 郑述铭. 案例教学结合 TBL 教学法在临床见习带教中的运用 [J]. 中医药管理杂志, 2011, 19 (07): 648-649.

[51] SmartMarket Report: the business value of BIM in North America [R]. Bedford: McGraw-Hill Construction, 2012.

[52] YOUNG N W, JONES S A, BERNSTEIN H M, et al. Smart market report on building information modeling (BIM): transforming design and construction to achieve greater industry productivity [R]. New York: McGraw-Hill Construction, 2009.

[53] 胡卉, 吴鸣. 国外图书馆数据素养教育最佳实践研究与启示 [J]. 现代情报, 2016, 36 (08): 66-74, 78.

[54] 孔原. 基于互联网思维的产教融合模式创新与实践 [J]. 职教论坛, 2015, (08): 62-65.

[55] 杨刚. 创客教育双螺旋模型构建 [J]. 现代远程教育研究, 2016, (01): 62-68.

[56] 鄢娟. 试论高等教育质量生成 [J]. 白城师范学院学报, 2004, (03): 70-72.

[57] 刘莉雯. 语言经济学指导下商务英语教育的 "投入" 和 "产出" [J]. 安徽科技学院学报, 2014, 28 (03): 99-102.

[58] SPADY W G. Choosing outcomes of significance [J]. Educational Leadership, 1994, 51 (6): 18-22.

[59] 王贵成, 夏玉颜, 蔡锦超. 成果导向教育模式及其借鉴 [J]. 当代教育论坛 (上半月刊), 2009, (12): 17-19.

[60] ALI K N, MUSTAFFA N E, KEAT Q J, et al. Building information modelling (BIM) educational framework for quantity surveying students: the malaysian perspective [J]. Journal of Information Technology in Construction, 2016, (21): 140-151.

[61] LEITE F. Project-based learning in a building information modeling for construction management course [J]. Journal of Information Technology in Construction, 2016, (21): 164-176.

[62] 佟欢. 基于结果链框架的上海市家庭医生制服务试点评价研究 [D]. 上海: 复旦大学, 2013.

[63] 周益众, 曹晓红, 杨兰馥, 等. 基于结果链框架模型的医疗机构执业监管评估体系构建刍议 [J]. 中国卫生监督杂志, 2014, 21 (04): 317-320.

[64] 张朝阳. 关于卫生项目评价应用思考 [J]. 中国卫生政策研究, 2014, 7 (10): 1-4.

[65] 屈霞, 刘自强. 提高高校本科毕业设计质量的对策 [J]. 实验室研究与探索, 2013, 32 (07): 202-205.

[66] 薛彩霞. 本科毕业设计 (论文) 存在问题及质量控制措施 [J]. 高教论坛, 2011, (11): 56-58.

[67] 刘春城. PBL 教学模式在工程训练教学中的探索与实践 [J]. 实验技术与管理, 2012, 29 (04): 158-161.

[68] LI Y, LI G, WU S. Design and practice of the sand table simulation in construction project management teaching based on BIM [A]. ICCREM 2013: Construction and Operation in the Context of

Sustainability, ASCE [C]. New York: Mc Graw-Hill Construction, 2013.

[69] 高琪, 李位星. 本科毕业设计中群组指导模式的实证研究 [J]. 实验室研究与探索, 2011, 30 (10): 383-386.

[70] WONG K D A, WONG K W F, NADEEM A. Building information modelling for tertiary construction education in Hong Kong [J]. IT Confernce Journal of Information Technology and Construction, 2011, (16): 467-476.

[71] ZHANG J X, WU W, LI H, etl. Enhancing building information modeling competency among civil engineering and management students with team-based learning [J]. Journal of Professional Issues in Engineering Education and Practice, 2018, (01): 45-51.

[72] ZHANG J X, XIE H Y, LI H. Competency-based knowledge integration of BIM capstone in construction engineering and management education [J]. International Journal of Engineering Education, 2017, 33 (6): 2020-2032.

[73] 张静晓, 崔凡. 基于团队学习的土木工程类专业BIM能力培养研究 [J]. 建筑经济, 2017, 38 (7): 80-93.

[74] ZHANG J X, SCHIMITS K, LI H. BIM and sustainability education: incorporating instructional needs into curriculum planning in CEM programs accredited by ACCE [J]. Sustainability, 2016, 8 (6): 525.

[75] 张静晓, 赵陈颖. 工程管理BIM毕业设计组织管理框架与案例分析 [J]. 工程管理学报, 2017, 31 (2): 153-158.

[76] ZHANG J X, XIE H Y, LI H. Exploring the cognitive structure and quality elements: building information modeling education in civil engineering and management [J]. International Journal of Engineering Education, 2016, 33 (6): 1987-1989.

[77] 张静晓, 李慧. 工程管理BIM教育课程建设与融合分析 [J]. 工程管理学报, 2016, 30 (3): 153-158.

[78] 张静晓, 赵陈颖. 工程管理专业BIM毕业设计学习效果测评 [J]. 实验技术与管理, 2018, (01): 171-176, 183.

[79] 张静晓, 王引. 结果导向的BIM工程能力培养路径研究 [J]. 工程管理学报, 2017, 31 (06): 23-28.